UN PÈRE PAS COMME LES AUTRES

EMMANUELLE BOIDRON
avec Maryvonne Ollivry

UN PÈRE
PAS COMME LES AUTRES

l'Archipel

Notre catalogue est consultable à l'adresse suivante :
www.editionsarchipel.com

Éditions de l'Archipel
34, rue des Bourdonnais
75001 Paris.

ISBN 978-2-8098-1813-0

« On choisit son père plus souvent qu'on ne pense. »

Marguerite Yourcenar

À Arthur, Léia et leur père

Orpheline

C'est la première fois que je pénètre dans une synagogue. Pour un peu, je lui en voudrais. Lui qui m'a fait découvrir tant de choses a omis de m'emmener dans ce lieu. Je ne sais rien de ce passage obligé pour ceux qui, selon sa formule, se sentent « 100 % casher » et y voient célébré leur dernier adieu. Quand on arrive rue Buffault, dans le IXe arrondissement de Paris, le bâtiment en impose. À l'intérieur, il est majestueux. Une demi-douzaine d'arcades soutenues par des piliers de marbre blanc. Entre chacun, un énorme lustre. D'un bout à l'autre de la nef, deux immenses arcs dont l'un est surmonté de cette phrase : « Tu aimeras ton prochain comme toi-même. » Je suis impressionnée. Sonnée aussi. Tout est allé si vite. Il y a seulement une vingtaine d'heures que je sais, que j'ai appris… Que je me sens orpheline. Je ne suis pas sa vraie fille, et j'imagine la peine de la sienne, Isabelle, qu'il aimait tant. Mais je suis celle que son cœur avait adoptée alors qu'elle avait dix ans, comme le mien l'avait adopté, lui. Nous avions tous deux besoin du regard de l'autre, de la main de l'autre. Moi surtout. Pas un jour ne passe sans que je pense à lui. Cela a duré plus d'un quart de siècle. C'est vrai que, dernièrement, je le voyais moins : le découvrir affaibli, lui si fort, si grand, m'était devenu difficile. Je le savais à l'hôpital Pompidou pour des difficultés respiratoires, mais j'étais persuadée qu'il allait rentrer chez lui trois jours plus tard, comme cela avait été le cas l'année précédente. Je ne m'attendais pas au pire. Je savais pourtant qu'il fallait me préparer à son départ. Roger, qui approchait de ses quatre-vingt-dix ans, attendait la mort sans crainte et parlait souvent d'aller rejoindre Christine, son épouse, décédée en 2002. J'espère que leurs retrouvailles l'ont soulagé. Pour moi, le coup de massue est terrible, loin de tout ce que j'aurais pu imaginer. J'ai la sensation de devoir renoncer à ma part d'enfance, de devenir brutalement une adulte. Tout d'un coup, dans cet endroit étranger, après la terrible journée marathon de la veille où, tel un zombie, j'ai couru les studios de radio et les plateaux de télé pour honorer sa mémoire, me voilà projetée dans la réalité de l'absence. Roger est mort. J'ai beau l'avoir appris à 10 heures la veille de la bouche d'une journaliste qui voulait avoir ma réaction, je me remets mal.

Ce 11 février 2015, j'ai perdu un ami, un mentor, un pilier, un père. J'ai vécu ces dernières heures dans un état second. Il va me falloir atterrir. Ils sont tous là. Pour lui.

Adieu à la synagogue

Cela fait du bien de revoir ceux qui t'ont aimé. Les yeux sont embués, les mines grises, l'atmosphère étrange. On s'embrasse. On se serre dans les bras. J'ai mis mon beau manteau noir en cachemire, celui que tu m'avais offert au Bon Marché après un déjeuner au Récamier. Comme ça, parce qu'on faisait des courses ensemble, parce que ça te faisait plaisir de me faire plaisir. Pour rien au monde, ce 12 février, je n'aurais oublié de m'en revêtir. Il est 17 heures, la cérémonie va commencer. Question spiritualité, je suis néophyte. Pas à l'aise dans les églises. Alors, dans les synagogues… Un côté semble réservé aux femmes. Je le rejoins. J'aperçois Anouk Aimée, Corinne Touzet, mais aussi Wafa et Colette, ta gouvernante et ton assistante personnelle, qui ont veillé sur toi ces dernières années et m'ont confirmé hier, en larmes, ton décès. Les hommes, en face, ont posé une kippa blanche sur leurs cheveux. La famille est rassemblée au milieu de la nef. Au premier rang, Annie, ta petite sœur, Isabelle et ses enfants, Simon et Maxime. Derrière, Georges Kiejman, chapeauté, Jacques Attali, Élie Chouraqui, Jack Lang, Jean-Pierre Elkabbach, Robert Hossein, Michel

Creton… Nous vois-tu en ce moment ? Me devines-tu embarrassée dans ce lieu de culte dont je ne comprends pas les usages ? Cela t'amuse-t-il, Roger, de nous savoir réunis là même où tu as tourné certaines scènes du film *Le Grand Pardon*, en 1981 ? Justement, voilà Alexandre Arcady, ton ami, ton compatriote, qui prend la parole. Vous n'êtes pas de la même génération mais vous avez tracé la même route, des ruelles de la Casbah d'Alger à la réussite parisienne dans le septième art. Il a les mêmes odeurs, les mêmes images, les mêmes regrets de votre pays natal ancrés dans sa mémoire ; qui mieux que lui pouvait évoquer ton souvenir ? « Je le revois dans ce décor », nous dit-il, bouleversé. Avant de rappeler le chemin qui vous a amenés à tourner ensemble ce *Grand Pardon*, et les longues années de complicité qui se sont ensuivies et ne se sont jamais démenties. Le chandelier à neuf branches brille. Les évocations sont ponctuées de prières et de chants en hébreu. Derrière la famille, le rabbin et ses assistants entonnent des prières. Puis les évocations reprennent. Michel Creton mentionne ton immense générosité : « Tu as sauvé tant de personnes. » Robert Hossein, trop ému, ne parvient pas à parler. Tu lui manques trop, Roger. Tu nous manques. Tout de même, parce que, oui, c'est toi, l'homme des blagues irrésistibles, l'homme à la faconde extravagante que nous sommes venus saluer, il en vient à raconter le jour de votre rencontre. C'était au Cours Simon. Tu devais dire « Le Corbeau et le Renard », de La Fontaine. Sauf que tu l'as déclamé avec l'accent pied-noir ! Fou rire général. Popularité assurée. Et, en toi, ce sentiment que faire rire c'était décidément enivrant. Il ne te quittera plus. C'est cette image aussi que, malgré la solennité du lieu, j'aimerais garder de toi, « Rodgeur » – oui, je t'appelais ainsi : Roger à l'américaine ! –, ce grand gaillard, cachant ses fragilités avec l'humour. « Chaque fois qu'on voit quelqu'un de triste, a joliment noté le grand rabbin de France, Haïm Korsia, il faut essayer de le faire rire. » C'était une de tes phrases. C'était ta philosophie.

« Lucky Mômes »

Je n'aurais pu rêver d'un meilleur « papa ». Le mien était moins grand. Dans tous les sens du terme... Et ne faisait pas le poids, dans tous les sens du terme. Je n'étais pas habituée à ton gabarit. Je me souviens d'avoir levé la tête quand tu es arrivé. Dieu qu'il était immense, ce monsieur. En ce début décembre 1988, j'ai dix ans. J'ai dû me hisser sur la pointe des pieds pour te saluer, tu as dû te plier en deux pour m'embrasser. Ton nom ne me disait rien, bien sûr ; maman m'avait simplement expliqué que tu étais un acteur connu. Rien de plus. On me demande souvent comment je me suis retrouvée là, devant ce géant qui allait me donner la réplique, embarquée dans cette série qui allait avoir un tel succès. Pas de piston, pas de parents, grand-père, cousine ou oncle, dans le sérail de la télévision ou de la comédie. Simplement quelques réflexions à l'oreille de ma mère quand les gens nous croisaient, mon frère Maxime, de deux ans mon cadet, et moi. On devait former un joli couple ; en tout cas, on avait souvent droit à « Vous devriez les inscrire à des castings ». À l'époque, nous habitions loin de Paris, mais papa, pour son travail d'agent commercial, a souvent bougé, et j'avais huit ans quand nous nous sommes retrouvés à Barbizon. Cette fois, la capitale n'était pas loin. Maman pouvait nous y conduire, et puis ça la changeait de son quotidien de femme au foyer. Elle nous a inscrits tous deux dans une agence de comédiens en herbe. Mon frère a été pris. Moi, recalée à cause de l'absence de mes deux dents devant : la petite souris venait de passer ! Revenez l'année prochaine, m'a-t-on dit. Nous sommes revenus. Les quenottes avaient poussé, « Lucky Mômes » m'a acceptée dans son écurie, les castings pouvaient commencer.

Quelques pubs, quelques photos dans des magazines et, en janvier 1988, mon premier « rôle », je l'ai eu dans le film *La Petite Amie* de Luc Béraud, avec Jean Poiret, Jacques Villeret et Éva Darlan. Jean et Éva jouaient mes parents, ou plutôt « nos » parents puisque Maxime complétait la famille. Nous n'avions que trois phrases à dire mais cette première découverte de la caméra m'a tout de suite plu. À ce moment-là, ce n'était encore rien d'autre qu'une activité extrascolaire, comme le piano ou la danse que je pratiquais. Aucun syndrome de la gamine qui se la joue. Maman n'avait rien non plus de ces mères hystériques qui vivent le recalage de leur enfant comme un affront. « Si vous n'êtes pas pris, il n'y a pas mort d'homme », nous répétait-elle. Et, finalement, cela nous apprenait à encaisser les revers de la vie. On pouvait ne pas plaire, être refusé.

Ma deuxième expérience fut *La Baby-sitter*, une série télé d'Antenne 2 – la deuxième chaîne s'appelait ainsi à l'époque. Un tournage plus que ludique. On était censés faire les pires bêtises que des enfants puissent inventer : badigeonner de peinture, de mousse ou de crème la maison de nos parents, Vannick Le Poulain et

Pierre Vernier. Le pied. On travaillait dans un studio de La Plaine-Saint-Denis, mais on était logés dans un hôtel près du Lutetia dans le VIe arrondissement. Où, le soir, en rentrant d'une journée aussi amusante qu'épuisante, on s'écroulait de fatigue. Deux mois, juillet et août, à ne pas voir la lumière du jour, certes – cette année-là j'ai fait ma rentrée des classes encore plus pâle qu'à la sortie –, mais avec la sensation d'avoir passé les plus belles vacances de ma vie. Le 4 août, pour mes dix ans, la production avait organisé une grande fête. Parmi mes cadeaux, mon préféré : un tablier. Pas n'importe lequel. Pour ne pas tacher nos costumes, nous devions en porter un – hideux – durant le déjeuner. Comme je rechignais toujours à l'enfiler, ils me l'ont offert… signé par tous. Chaque mois d'août, ensuite, je soufflerai mes bougies sur un plateau de tournage entourée d'une équipe de film.

Trois marches à gravir

Deux mois plus tard, cette même année 1988, un millier de fillettes de dix ans sont convoquées devant la caméra de Mamade, célèbre directrice de casting, pour un rôle dans une série qui devait s'appeler à l'origine *Le Système Navarro*. C'est Étienne Mougeotte, alors directeur de TF1, qui a tranché : « *Le Système Navarro*, ça fait débrouille, démerde, combine… Ce n'est pas valorisant. *Navarro* tout court, ça sonne mieux. »

Au départ, Mamade devait trouver un garçon. Mais, lorsque Roger Hanin a été choisi pour interpréter le commissaire Navarro, il n'a pas caché, lui qui était père d'Isabelle, préférer jouer avec une fillette. Plus habitué, plus à l'aise.

Donc, j'arrive au premier rendez-vous de présentation : l'une après l'autre, nous défilons devant la caméra en tenant un papier avec notre nom inscrit dessus. On nous invite à nous présenter rapidement. Deux petites questions, et hop, à la suivante. Quelques jours plus tard, on me rappelle pour le deuxième essai. Nous ne devions plus être qu'une centaine. Toujours devant la caméra de Mamade, et ses mitaines qu'elle ne quittait jamais, on me demande d'improviser sur ce thème: tu parles avec ton papa de ce que tu aimerais manger pour le dîner. Je me rappelle avoir dit que j'adorerais « des spaghettis bien gras, recouverts de plein de fromage », le tout suivi d'un « gros gâteau au chocolat ». Ma gourmandise a dû plaire. Notamment à Pierre Grimblat, le producteur: au départ, il avait imaginé que Navarro avait un père qui lui cuisinerait des spaghettis justement. Il a abandonné cette idée car Tito Topin, le scénariste, trouvait plus malin que Navarro ait un fils ou une fille. Est-ce mes spaghettis qui ont mis tout le monde d'accord? Toujours est-il que je fais partie des trois finalistes. Au même titre, entre parenthèses, qu'une certaine Jennifer Lauret, qui interprétera, elle, la fille de Julie Lescaut deux ans plus tard!

Troisième et dernière étape, début décembre. Me voilà au même endroit, mais seule au milieu de plusieurs hommes. Pierre Grimblat, le producteur, Patrick Jamain, le réalisateur du premier épisode – il est loin d'imaginer qu'il en tournera une soixantaine! –, et le fameux Roger Hanin. Le plus grand. Et, de loin, le plus costaud. Je dois me placer avec lui devant la caméra et jouer une des scènes du premier épisode qu'on m'avait demandé d'apprendre par cœur. Je ne me souviens ni d'avoir fait des étincelles ni d'une prestation catastrophique. Disons que tout s'est passé normalement. À peine la caméra coupée, mon partenaire se met soudain à raconter une blague qui fait éclater de rire tout le monde! En vérité, je n'ai pas compris grand-chose mais il l'a racontée de façon si vivante que j'ai ri de bon cœur. Et j'ai bien fait! Quelques années plus tard, « Rodgeur » m'avouera que c'est le fait de m'avoir vue m'esclaffer si spontanément qui l'avait poussé à me choisir. Roger n'allait tout de même pas jouer avec un bonnet de nuit !

Les studios de Bezons, notre Hollywood

Me voilà partie pour incarner Yolande Navarro durant six épisodes. Le tournage débute le lundi 9 janvier 1989. Super, je rate l'école. Maman m'accompagne. Jusqu'à ce que je passe mon permis de conduire, à dix-huit ans, elle sera mon chauffeur. Discrète sur les tournages, j'oublierai vite sa présence. À force d'y venir, elle considérera, comme nous tous, le 42/48 rue Henri-Barbusse à Bezons comme sa deuxième maison. Nos studios de tournage étaient en fait une ancienne usine reconvertie en Hollywood de banlieue. Pour l'heure, nous découvrons ce nouveau décor. Le commissariat, avec ses cellules, où chacun appréciera d'être enfermé le temps d'une scène – de l'ingénieur du son pour y être tranquille, aux figurants-criminels d'un jour –, le Bistrot de Ginou, *alias* Catherine Allégret, et le bel appartement que je partage avec mon papa commissaire, avec vue imprenable sur le XIIIe arrondissement de Paris. Censée être au trentième étage de la tour Londres, 27 rue Javelot, notre « vue », qu'on appelait « la découverte », était faite de papier, de carton et d'allumettes. Succès assuré quand j'y emmenais des visiteurs et que je m'y promenais tel King Kong déambulant dans Manhattan. De tous ces décors, le *Bistrot de Ginou* reste mon favori. Parce qu'à mes yeux il ne sera jamais qu'un décor, justement. Ce QG, où tu t'attablais avec ta bande – tes « mulets » (adjoints) – devant les caméras, sera le lieu où ta convivialité, ton cœur gros comme ça donneront toute leur mesure. À chaque fin de tournage, en bon « chef de bande », tu y offriras des fêtes à tout casser. Combien de méchouis, de couscous y avons-nous partagés ? J'en garde des souvenirs forts, émerveillés. Il y a près de chez moi un café, sa réplique exacte, le Café de l'Époque, rue du Bouloi. Je ne peux m'empêcher, chaque fois que je passe devant, de ressentir un pincement au cœur. Dans l'espoir de t'y voir attablé…

Sur les genoux de Dada

Le premier épisode de *Navarro* s'intitule « La fille d'André ». L'histoire : Roger retrouve un vieil ami, André, qui a des problèmes avec sa fille : celle-ci s'apprête à commettre un casse. Or, il se trouve que dans la toute première scène que je dois jouer, Roger vient me chercher à mon cours de dessin, passablement furieux, car j'aurais, moi, Yolande, le rejeton d'un commissaire, volé la montre d'un camarade ! Cette fois, il y a un monde fou sur le plateau : techniciens, comédiens, figurants..., dont ton vieux pote Moïse qui joue un petit rôle de mac. Mais je n'ai pas le temps d'être intimidée, car Roger me prend immédiatement sous son aile, et même carrément sur ses genoux, pour que nous répétions ensemble nos dialogues. Puis tout va très vite. Roger revêt son blouson, un vrai Perfecto de flic sur le terrain. À soixante-trois ans, il en jette, mon Rodgeur. (Ce surnom, je le lui donnerai trois ans plus tard, avant qu'il parte tourner à Miami *Le Grand Pardon 2*. Ça m'amusait tellement de l'entendre s'exercer à parler anglais avec l'accent.) Moteur ! Je me sens en confiance. Deux prises seulement et le tour est joué. Résultat, tout le monde est content, la journée se termine plus tôt que prévu. Patrick Jamain, le réalisateur, m'expliquera plus tard qu'ils avaient surestimé les temps de tournage « par précaution, parce qu'avec les enfants on ne sait jamais. Mais ensuite, on les a revus à la baisse ». Première victoire dans la cour des grands !

Le lendemain, je retrouve Roger, « Dada » comme je l'appelle dans la série, un mélange de *daddy* et de papa. Nous devons tourner le générique. Cette journée reste ancrée dans ma mémoire car tu as su transformer chaque plan en un moment inoubliable pour une gamine de dix ans. On devait traverser la rue de Rennes et, hop, tu en as profité pour m'acheter une glace sur le trottoir d'en face ! On sortait d'un magasin devant la caméra, et aussitôt, hors champ, tu y es retourné pour m'offrir une poupée. Poupée que je garde encore précieusement aujourd'hui. Ce n'était pas Dada, c'était le Père Noël. Vous pouvez imaginer comment j'étais à la fin de la journée : repue, gâtée, et impatiente de le revoir !

Troisième jour, de plus en plus à l'aise, je demande si l'on peut changer mon prénom. Yolande. Franchement, en 1988, ça fait ringard. J'aurais préféré un prénom à la mode comme Élodie, Aurélie, Julie, Laura… Refus. On m'explique que les noms des personnages n'ont pas été choisis au hasard par le scénariste Tito Topin, et on me conseille de me faire à l'idée. Navarro, c'était pour sa consonance à la fois méditerranéenne et française. Nos souverains n'étaient-ils pas rois de France et de Navarre ? Carlo, le médecin légiste, interprété par Bernard Larmande, est une inversion de Locard, Edmond Locard (1877-1966), fondateur du tout premier laboratoire de police scientifique. Quant au prénom du commissaire,

Antoine, c'est Roger qui l'a choisi. Lors d'une scène où une femme mourante lui a demandé : « Comment tu t'appelles ? », Roger, spontanément, a dit ce prénom-là. Dans le scénario, Tito avait pourtant arrêté la scène avant que Navarro réponde. Il ne voulait pas de prénoms pour ses héros : les dieux n'en ont pas, ses personnages non plus. Le producteur Pierre Grimblat a dû lui forcer la main pour qu'il la garde. Les « mulets » s'appelaient Auquelin, Barrada et Bain-Marie mais, au cours d'une réunion à laquelle Tito n'assistait pas, il a été décidé de leur accoler Joseph, René…

Pour mon personnage, en revanche, il voulait un prénom facile à prononcer et aussi désuet que possible – en plein dans le mille ! J'ai failli m'appeler Violette mais il a changé au dernier moment, trouvant Yolande plus… charmant. L'équipe finira par me surnommer « Yoyo », je m'y ferai. Même si je préférais de beaucoup qu'on m'appelle « la fille de Navarro ».

Ce jour-là, je dois tourner une des dernières scènes du premier épisode avec mon papa. Dans chaque épisode, père et fille se retrouveront à la fin. Ces scènes finales et filiales étaient parmi les préférées de Roger. Il a d'ailleurs fini par en écrire lui-même. On les travaillait ensuite dans sa loge en y ajoutant de temps à autre des clins d'œil personnels. Cela pouvait être une mimique, un air qu'on avait découvert ensemble, comme cette chanson traditionnelle brésilienne « kaï kaï balloon » – phonétiquement ! – qu'une amie lui avait fait connaître et qui se chantait lors d'une fête des ballons. L'original, que je n'ai jamais entendu, doit être fort éloigné de notre version, mais j'ai toujours en tête notre charabia qui fut notre hymne durant des mois. Pouvaient également l'inspirer la phrase d'un texte qu'on lisait, un bon mot qui nous avait amusés le matin au maquillage. Il avait à cœur de proposer quelque chose d'inattendu, de surprendre le metteur en scène, l'équipe. De faire rire surtout. Roger était et voulait avant tout rester un enfant. Il disait : « Je ne suis pas un père, je suis un fils. » En grandissant, je comprendrai mieux ce qu'il voulait dire. Ce lien viscéral, qui le reliait à Victorine, sa maman. Fils d'une mère avant tout, il avait beau avoir grandi avec un frère et trois sœurs, il conservait en lui ce besoin de cocon, cette nostalgie de « maternitude » du petit dernier qu'il avait été. Dans sa loge, il aimait se laisser habiller comme un enfant par Linda, notre costumière. Il la laissait même lui enfiler ses chaussettes. Il avait parfois des accès de colère, des caprices de gosse. Quand il n'était pas content, il pouvait se mettre dans une rage telle qu'il faisait pleurer les comédiennes au prétexte qu'elles ne répondaient pas à ses exigences de travail. Moi, évidemment, je faisais mon possible pour éviter de déclencher ses foudres, je filais doux. Mais ses emportements ne duraient jamais. Il finissait par s'excuser. Pas toujours, mais souvent. Ma pire soufflante, je m'en souviens encore, c'était pendant notre tournée théâtrale pour le *Tartuffe* de Molière, en 1997, soit huit ans après ma première réplique avec lui. J'ai raté l'avion pour Pézenas où nous devions jouer le soir. J'étais dans tous mes états, je savais que Roger allait m'en vouloir de ne pas être à l'heure à la répétition, que j'allais passer un sale quart d'heure. Ça n'a pas manqué. Pire, il ne m'a pas dit un mot pendant deux jours. Une seule solution : se faire transparente en attendant que passe l'orage. Et il passait. Roger, pourtant rancunier, ne l'était pas avec moi.

À l'école de Bezons

Sa loge était située entre le maquillage et celle des comédiennes où je n'allais presque jamais. Je préférais rester sur le plateau ou, mieux, consciente du privilège, dans son antre à lui. Il y avait un petit lit pour qu'il puisse se reposer entre deux prises, un fauteuil et un bureau sur lequel trônait la photo de son épouse, Christine Gouze-Rénal. Un téléphone aussi et une pile de scénarios qu'il « navarrisait », les transformant pour que les dialogues lui aillent mieux en bouche. Tito Topin avait inventé ce terme, lui-même « navarrisant » les histoires qu'il rédigeait. C'est là que j'ai suivi durant une vingtaine d'années une sacrée formation. Je ne dirai pas que cela remplaçait l'école, mais ça l'a allègrement complétée, agrémentée. À dix ans, apprendre ce qu'est un champ-contrechamp, une perche, un travelling ou une contre-plongée est quand même bien plus amusant que d'ingurgiter des théorèmes de mathématiques. Mémoriser mes répliques plutôt que des déclinaisons latines, idem. Chance supplémentaire, j'ai appris « sur le tas » comme on dit : à Bezons, la pratique suivait la théorie, et j'étais toujours « l'interrogée ». Le premier grand conseil de Roger et celui pour lequel son exigence était la plus forte : l'écoute. Cela semble évident mais, une fois ou deux, je me suis fait piéger. Un jour, trop concentrée sur mon texte et mes déplacements, Roger m'a demandé : « Ma réplique, répète-la-moi si tu l'as écoutée ! » Court silence qui m'a paru une éternité. Je lui ai répondu : « OK, touchée ! Mais tu ne m'auras plus. » C'était comme ça à chaque fois. Ici, pas de bons points, mais les applaudissements de toute l'équipe à chaque dernier plan. Une coutume qui n'était pas propre à *Navarro* mais qui, ici, vu le nombre d'épisodes, avait de quoi stimuler mon apprentissage.

L'école, la « vraie », j'avais intérêt à ne pas la négliger, sinon c'en était fini pour moi de *Navarro*. Mes parents n'auraient pas toléré que je la sacrifie aux tournages. Les services de protection de l'enfance non plus. La scolarité étant obligatoire jusqu'à seize ans et le travail des enfants interdit, chaque contrat avec un mineur doit être préalablement soumis à l'approbation de la DDASS. La moindre baisse sur mes bulletins aurait pu les alerter et m'empêcher de tourner. Autant dire que j'étais studieuse. La DDASS prévoit également des « contrôles » sur place afin de vérifier le temps de tournage, les conditions de travail. Elles étaient si favorables à Bezons qu'ils ne se sont déplacés qu'une seule fois… Je me souviens qu'une année j'avais même dû me rendre dans leurs bureaux avec mes parents afin de les convaincre de mon désir de tourner durant une partie des vacances d'été, et même un peu plus : j'allais carrément rater mon entrée en sixième, ce qui était délicat. Mais ça valait le coup : c'était pour un long métrage. Nous venions d'être sélectionnés, mon frère et moi, pour interpréter les enfants de Zabou Breitman et Jean-Pierre Bacri dans le film *La Baule-les-Pins* de Diane Kurys. Que du beau monde au générique : Zabou et Bacri donc, mais aussi Richard Berry, Nathalie Baye, Vincent Lindon et Valeria Bruni-Tedeschi, qui m'offrira pour mon anniversaire un exemplaire du *Petit Prince*. Souvenir d'un tournage de rêve, août et septembre donc, à La Baule, logés dans une immense maison réservée aux cinq enfants du film, avec cuisinière, coach pour répéter les textes, et précepteur pour rattraper nos cours. Cours qui finissaient immanquablement sur la plage où nous nous en donnions à cœur joie pour ne faire qu'une bouchée de notre professeur particulier. D'autant que nos parents respectifs n'avaient l'autorisation de nous rejoindre que le week-end. Ce casting d'exception, c'est Roger qui m'avait conseillé de m'y présenter. Il ne me connaissait que depuis six mois. Alexandre Arcady lui avait appris que Diane Kurys recherchait des enfants pour son prochain film, dont une fillette de mon âge. Il a en informé mes parents, et maman nous a emmenés, mon frère et moi, aux essais.

Souvenir de mon premier émoi amoureux sur ce tournage : à dix ans, je ne jurais que par le frère d'Alexandre Arcady, qui était chef déco. Les autres me taquinaient avec ça. N'empêche que c'est grâce à eux qu'à la fin du tournage il m'a accordé un smack en guise d'au revoir !

Pour le théâtre, les responsables de la DDASS sont plus pointilleux encore. Les représentations étant considérées comme du travail de nuit, un enfant ne doit pas en enchaîner plus de trois d'affilée. Deux ou trois enfants se relaient toujours pour un même rôle.

Cela nous avait un peu compliqué la vie pour *La Leçon*, la pièce de Ionesco que j'ai jouée avec Roger en 1992. Je n'avais que douze ans et nous devions faire des pauses au bout de trois représentations pour pouvoir reprendre. Une expérience fantastique, déterminante. Grâce à toi. Une fois de plus.

« Aime ton métier, c'est le plus beau du monde »

Trois ans déjà que je grandissais à l'ombre de mon géant préféré. Enfin, grandir, façon de parler. Impossible de te rattraper ! Tu étais tellement plus grand que moi que je devais monter sur un cube pour les plans debout, les champs et les contrechamps, même lors des derniers épisodes alors que j'avais presque trente ans ! Donc, tandis que je « grandissais », voilà Roger, en 1991, qui m'annonce qu'il aimerait monter *La Leçon* d'Eugène Ionesco. Il jouerait le maître, moi l'élève. Je suis flattée qu'il ait pensé à moi. Seul hic : l'élève de la pièce est censée avoir un doctorat, et j'ai beau être très brillante (!), je n'ai que douze ans. Qu'importe, il me passe le texte et nous tentons une lecture. Étonnamment, l'univers décalé de Ionesco et la folie de Roger se marient bien. Nous nous prenons au jeu, c'est le cas de le dire. Roger sait déjà que nous jouerons cette pièce, et nous le ferons en effet au théâtre Montansier à Versailles pour une dizaine de représentations. Ahmed Madani nous met en scène. Tous deux me font beaucoup travailler, répéter encore et encore. Il faut parler fort, articuler, rien à voir avec ce que je dois donner pour Yolande. Je me souviens qu'Ahmed m'a demandé comment je sentais mon personnage : « Plutôt salé, plutôt sucré ? » J'ai répondu « salé » sans trop comprendre ce qu'il voulait dire mais l'orientation de la pièce en a été un peu changée : mon personnage ne serait plus la pauvre victime du professeur, elle le rendrait fou. Nous nous récitons nos textes entre chaque prise de *Navarro*. Pendant les répétitions, nous ne décompressons qu'à l'heure du déjeuner, chez Mino, un restaurant juste en face. Mino deviendra l'un de tes amis. Pas un jour sans que Roger me demande de lui déclamer une réplique, que je connaissais par cœur et que lui avait beaucoup de mal à retenir, et pourtant il devait la répéter après moi : « Ça fait 19 quintillions, 390 quadrillions, 2 trillions, 844 milliards 219 millions 164 508. » Je n'avais jamais entendu parler de « quadrillions » ni de « trillions » mais j'adorais cette phrase. Je ne l'ai jamais oubliée.

C'est ce projet insensé et cet apprentissage qui me donnent l'envie de devenir comédienne pour de bon. Il ne s'agit plus d'un amusement qui pimente mon année scolaire, c'est une évidence, j'en ferai mon métier. J'aime jouer, je me sens à l'aise sur scène. Au point que ma mère, voyant que je n'ai pas le trac, le prendra à son compte ! Elle vomira après chaque représentation… Ce qui n'est guère agréable, même si au bout du compte elle n'est pas mécontente de perdre trois cents grammes chaque soir… Cette aventure m'a comblée. Elle fut aussi l'occasion de découvrir que mon partenaire avait un solide métier derrière lui avant de débouler dans ma vie et dans celle des téléspectateurs avec son Perfecto. Que, même s'il n'avait mis les pieds au théâtre pour la première fois qu'à vingt-quatre ans, il avait joué les plus grands auteurs, Claudel, Molière, Beckett, interprété Othello, Macbeth – des personnages dont je ne savais rien encore… Roger adorait le théâtre et voulait que j'y prenne goût moi aussi.

Au début, quand les gens dans la rue te saluaient d'un « Bonjour, Navarro ! », ça ne te faisait pas vraiment plaisir. Comme si, la soixantaine bien entamée, tu venais de te lancer dans le métier ! Mais ensuite tu as aimé cette popularité. Le jour où, en 1998, la profession, en la personne de Line Renaud, t'a remis le 7 d'Or du meilleur comédien… pour Navarro, tu as dit ta joie, comme « acteur populaire », de vivre « une histoire d'amour qui dure comme une étreinte délicieuse ». Et puis tu as cité Sacha Guitry. Interrogé sur ce sujet par un apprenti comédien, le maître aurait répondu : « Aime ton métier, c'est le plus beau métier du monde. Le plaisir qu'il te donne est d'abord délicieux, mais, au-delà de cela, il est une réalité plus profonde : il apporte l'oubli des peines, des souffrances et des maux. Un jour peut-être, tu connaîtras ce bonheur éphémère. Et peut-être, un jour, deviendras-tu populaire. Mais ça, vois-tu, c'est encore moins beau que l'amour. » Sa voix chaude, ce texte dit de mémoire bien sûr, ses grands yeux verts brillant d'émotion sur ce corps d'athlète… c'était mon Roger. Mon partenaire, mon père de télévision, mon professeur particulier. Mon maître à moi.

« Juif », « Alger », « Casbah », ces mots nouveaux...

« Mais enfin, Roger, elle n'a que dix ans ! » Vous pouvez changer le « dix » en onze, douze... L'exclamation revenait régulièrement dans la bouche de ceux qui l'entendaient s'étonner que je ne connaisse pas Shakespeare, Fred Astaire ou Samuel Beckett. Il se lançait alors dans de grandes explications avec une telle passion qu'aucun professeur de mon collège n'aurait pu rivaliser. Automatiquement, mes écoutilles se mettaient en éveil. Avec sa faconde, il me donnait envie d'en savoir plus. Comme il n'était pas du genre à se répéter, et qu'il aimait me tester, j'avais intérêt à retenir. Il n'allait pas me mettre une mauvaise note, lui, mais pour mériter son estime, il n'était pas question de m'endormir près du radiateur. C'est ainsi que peu à peu j'ai appris les noms des grands du cinéma, du théâtre, du music-hall ou de l'Histoire, et que je me suis familiarisée avec ces mots nouveaux qui allaient m'emporter loin, très loin de Rambouillet où je grandissais : « Juif », « Alger », « Casbah », « racisme », « antisémitisme », quand ce n'était pas « soleil », « fierté », « bonheur », qui faisaient bon ménage avec « pauvreté ». Ces tuteurs allaient m'aider à pousser désormais.

Rue Marengo, Alger

Il y avait d'abord Alger et sa « Casbah » ! Plus précisément, la « Basse Casbah », un quartier plein de mystère, où il se disait que même les chiens ont peur d'errer la nuit. Et le « 25 rue Marengo » où il était né. Un appartement où ses parents, Victorine et Joseph, vivaient en osmose avec leurs voisins, les Abou qui avaient trois enfants. Ils faisaient souvent table commune quand l'argent des uns ou des autres venait à manquer. Ils vivaient carrément ensemble, en fait. Douze personnes se tenant chaud face à l'adversité. M. Abou était peintre en bâtiment, il touchait sa paye par à-coups. Le père de Roger, employé aux PTT, recevait son traitement au début de chaque mois. Quand la dernière semaine s'annonçait, il ne restait plus rien. Alors les Abou venaient à la rescousse, et vice versa. Souvenirs merveilleux de tablées de dix, quinze personnes devant leurs bols de soupe fumante. Mais, davantage que le 25 rue Marengo, c'était surtout le mot « rue », je crois, qui avait son importance : Roger était si souvent dehors avec ses copains à jouer au ballon – en fait, des bouts de tissus et de papiers retenus par des ficelles –, ou au « hockey des égouts », sans crosse, sans protège-genoux ni protège-tibias, et avec, en guise de cages de goal, les bouches d'égout et, en fait de palets, de petits morceaux de bois de la scierie d'à côté. Chacun à tour de rôle se dévouait pour aller récupérer ces palets de fortune dans la puanteur. Roger s'est longtemps demandé comment ils n'avaient pas attrapé le typhus, la typhoïde et autres joyeusetés... Les copains, c'était Dédé, au cœur d'or, si doux, qui aimait raconter des histoires qu'un mafioso n'aurait pas reniées, Moïse, Daniel, des amis qui le resteront toujours, que je côtoierai tout au long de ces années. Arsène Benaïm, dit Nono, dont il fera la connaissance sur les bancs du lycée Bugeaud en sixième, et qui, lui, était issu d'une famille aisée de Bab El Oued. C'est avec lui, surtout, que Roger fera les quatre cents coups. Soirées potaches, drague... ils étaient inséparables. Quand Roger s'est engagé dans l'artillerie durant la guerre, Nono l'a suivi. Et c'est ensemble que, démobilisés, ils partiront en 1946 à la conquête de Paris pour « niquer les blondes », comme ils disaient. C'était l'ambition de départ.

Hallebardier, une vocation

Roger avait tout de même une ambition plus sérieuse : l'inscription en fac de pharmacie. Il bénéficiait d'une bourse de douze mille francs par mois. Des anciens francs d'avant 1958, ce qui n'était pas beaucoup. Un petit boulot pour arrondir ses fins de mois aurait été le bienvenu.

Justement, un après-midi de janvier 1949, Roger croise un voisin au Quartier latin et, par politesse, échange quelques mots avec lui. C'est à partir de cet échange convenu, et grâce à cet homme dont il n'oubliera jamais le nom – Georges Cambon – que sa vie va se trouver bouleversée. Une conversation banale : « Comment tu vas ? — Bien. — Et tu fais quoi ? »... Roger résume : les études de pharmacie, la bourse. Son voisin lui explique qu'il est assistant décorateur au théâtre. Rien de passionnant pour Roger : le théâtre, ce n'était pas son truc. L'échange aurait pu s'arrêter là, mais voilà ledit Georges qui poursuit : « Ça t'intéresserait d'améliorer ton ordinaire ? » Piqué, Roger acquiesce, bien sûr. Et son voisin de lui expliquer qu'il y a des possibilités de figuration dans les pièces où il travaille. « On peut gagner combien ? », s'enhardit

Roger. Jusqu'à mille francs par jour, lui affirme son vis-à-vis. Rapide calcul : trente mille francs par mois ! Roger frétille. Que faut-il faire ? Eh bien, on te donne un costume, une hallebarde et tu te tiens sans bouger au fond de la scène. Génial. Tope là. Et Roger de suivre Georges Cambon au Théâtre Sarah-Bernhardt. Il se retrouve sur la scène avec d'autres hommes. Quelqu'un crie de se mettre en rang face à lui. Roger se voit soudain désigné du doigt : « Vous, là, sortez ! » Il apprend qu'il est sélectionné comme figurant. Le voici donc hallebardier dans *Le Procès de Jeanne d'Arc*, interprétée par Ludmilla Pitoëff. Il finira… bourreau. Une promotion due à son physique imposant qui lui permet de gagner deux cents francs de plus par représentation. Cette fois, Roger est sur le devant de la scène. « Bourreau dans *Le Procès de Jeanne d'Arc*, racontait-il, mon rôle consistait à me tenir debout dos au public durant de longues scènes, appuyé sur le manche d'une hanche, dans une attitude établie, une fois pour toutes. Chaque soir, je voyais jouer Ludmilla Pitoëff. Un éblouissement régulier. J'étais fasciné. À certains moments, j'étais tellement pris par son jeu que, même de dos, je mimais ma haine, mon indignation contre "la sorcière". Je me mettais sans le savoir "en situation". J'étais en train de devenir un acteur. Pourtant, tout innocent que j'étais, j'aurais dû comprendre qu'étant constamment de dos, dans l'ombre et, fatalement, sans le support de la parole, tous mes efforts d'expression étaient invisibles, inutiles, stériles. » Reste qu'il a attrapé le virus. Pour le moment, il acquiert la conviction qu'en jouant des petits rôles il pourrait mieux gagner sa vie. Jusqu'à l'âge de vingt-trois ans, il n'était jamais allé au théâtre, et il n'a jamais caché qu'avant d'avoir la révélation, à force de figurations et de petits rôles sur scène, il n'aimait pas l'art dramatique. Ça l'ennuyait. Lui, il préférait le cinéma. Des films, il en voyait des quantités en Algérie depuis son enfance. En resquillant, en se faufilant jusqu'aux places les moins chères, les « secondes » comme on les appelait alors. Ou en bénéficiant des entrées de service du fils Siari, propriétaire du cinéma Bijou. Parfois, Roger ne voyait qu'une moitié de film, les contrôleurs le faisant sortir, ou parce qu'il filait avant d'être épinglé, mais à la joie de la séance s'ajoutait l'excitation du risque pris. Ses idoles d'alors s'appelaient Clark Gable, Gary Cooper, James Cagney, Cary Grant, Tyrone Power… et ne parlons pas de ses émois devant Claudette Colbert, Loretta Young, Joan Crawford. Ah, Joan Crawford ! « Souvenir d'extase enfantine, irremplaçable. » Roger coiffait ses cheveux à la Cary Grant, avec une raie parfaite sur le côté. « Je n'avais aucun sens du ridicule, confessait-il dans *L'Ours en lambeaux*. J'étais d'une candeur inlassable. Je n'ai pas l'impression que j'ai beaucoup changé, d'ailleurs. Je descendais dans la rue, marchais sur un trottoir, me plaçais de façon qu'on puisse apercevoir exactement ma raie sur le bon côté pour bien et mieux ressembler à Cary Grant. Ridicule ? Sans doute, mais allez raisonner un enfant ; ses joies, ses peines, ses rêves doivent être respectés. Quand un jeune garçon parvient à un certain stade de mythomanie nourricière, il faut accepter que l'intelligence n'ait plus aucune prise sur lui. Ne le dérangez pas. Il boit à la paille le lait sacré du rêve. »

Le théâtre n'entrait pas dans cette félicité. Comment aurait-il pu imaginer qu'un jour il serait sur scène pour jouer Macbeth ou Tartuffe ? « Tous ces personnages m'apparaissaient comme des baudruches grimaçantes et artificielles. » Comme quoi il ne faut jamais dire « Fontaine, je ne boirai pas de ton eau »… Il lui a suffi d'une rencontre fortuite avec un voisin sur le boulevard Saint-Michel pour changer d'avis, et de destin.

Désormais, Roger veut apprendre le métier et, avant tout, s'inscrire à des cours de diction pour perdre son accent pied-noir. Accompagné de Georges Cambon, son ami décorateur, il se rend au cours de Mme Bauer-Thérond. Il est gêné, tétanisé, c'est le moins qu'on puisse dire. Il n'est pas seulement rebuté par les personnages, mais aussi par ceux qui les interprètent. « Pour moi, les acteurs de théâtre, témoignera-t-il plus tard, étaient tous des pédérastes, des tarés, des idiots, qui faisaient des mines, des manières, incapables de mordre dans la réalité, la chair de la vie. J'allais entrer dans un monde qui me faisait peur. Un monde un peu louche. Finalement, l'audace l'emportait. Je frappe à la porte. Mme Bauer-Thérond me regarde, je lui plais. » Le contact est passé. Reste la peur, la honte aussi : Roger, dont le vrai patronyme est Lévy, se présente sous le pseudonyme de Paul Gendron, qui sonne plus « Français de France », inspiré du nom de la femme de son frère, Gendron, et de son deuxième prénom à lui, Paul. Convaincu que Roger Lévy, ça ne pourrait jamais aller pour un acteur. « Je ne voyais pas à l'affiche Greta Garbo et Roger Lévy ! » Paul Gendron passait mieux. On ne se sort pas du jour au lendemain du complexe de ses origines. Plus tard, il regrettera ce camouflage. Il reprendra son prénom et l'accolera au patronyme de sa maman adorée, Hanin.

Au cours de Mme Bauer-Thérond, il commence à s'enhardir. D'abord, il y a de jolies filles, ce qui n'est pas désagréable ; ensuite, il se fait des camarades.

Jacques Toja, qui deviendra sociétaire et administrateur de la Comédie-Française, Françoise Arnoul, Paul Guers, Anouk Aimée... Et, comme d'habitude, il devient l'un des leaders du groupe, un de ceux qui ne passent pas inaperçu.

À lui, la ronde des auditions. Parallèlement aux études de pharmacie – trois années qu'il qualifiera d'abrutissantes. Il n'attendra pas longtemps pour percer. Un metteur en scène, Michel de Ré, le repère alors qu'il donne la réplique à Pierre Fromont. Michel de Ré recherche un acteur pour interpréter... un inspecteur de police! La pièce, *Les Aveux les plus doux* de Georges Arnaud, est un succès. On le compare à Gabin, Brasseur, etc. Il n'a que vingt-quatre ans. Les critiques écrivent: «Révélation», «Surprise», «Acteur plein de promesse». Après seulement un an de cours et une pièce, Roger savoure. Formidable, ce métier. De quoi friser l'immodestie, avouera-t-il plus tard. La pièce suivante, *La Maison de la nuit* de Thierry Maulnier, lui offre encore un rôle important aux côtés de Pierre Vaneck et Michel Vitold. Nouveau succès. À mesure que Roger perd son accent, il gagne en expérience professionnelle. «Je me décolorais sous mes yeux et j'en éprouvais un immense soulagement.» Et puis, il rencontre Robert Hossein avec qui il va tourner et jouer au théâtre. Robert qui a l'art de convaincre les metteurs en scène d'engager son copain Roger. Robert qui l'impose dans *Série noire*, le premier film de sa période truands. Suivra la période agent secret, les Tigre et Gorille, entre autres, puis la période pied-noir (*Le Coup de sirocco, Le Grand Pardon...*) où, enfin, il reviendra à sa vérité, «mon authenticité», dira-t-il.

Mais, en ces années 1950, nous en sommes encore loin. Le jeune acteur prometteur est plein de fierté, d'assurance, d'inconscience aussi. La suite de sa carrière lui remettra les pieds sur terre. Il essuiera son lot de brocards et de mauvaises critiques, subira les hauts et bas du métier. Qu'importe, cette fois la passion est là. Qu'il n'ait pas voulu accéder au métier par vocation, soit. Mais l'apprivoiser fut « comme une sorte d'enchantement progressif ». Peut-être avait-il plus la foi, plus d'élan que certains qui avaient la vocation mais se sont laissé piéger par l'embourgeoisement, « comptant leurs sous, veillant à leur standing avec une vigilance de rapaces, considérant ce qu'ils gagnent par film, paient d'impôts, bref, organisant leur carrière, leurs vacances, réglant leur existence en fonction de leur productivité professionnelle. Je ne les juge ni les condamne. S'ils sont heureux ainsi, pourquoi pas ? ». Pour mon Roger, « quand on a la passion de ce que l'on entreprend, on se rue complètement dans sa propre exaltation ». Elle ne le quittera jamais. Une passion qui n'était pas partagée par Nono, qui n'en avait guère plus pour le cinéma, mais tous deux ne se perdront pas de vue pour autant. Roger le fidèle le retrouvera régulièrement, pour profiter des joies de Paris, traîner, danser chez Mimi Pinson. Nono, le seul homme qu'il disait avoir aimé d'amour.

Gros cul, bel œil

À Alger, tous avaient une vénération pour Roger, le chef de bande. Question de gabarit ? Pas seulement. Il le savait très bien, ne tergiversait pas : chef, c'était son truc, il avait ça en lui. Question de charisme. Il disait même, au risque de paraître prétentieux, que c'était plus une affaire de lucidité, que c'était dû à son… charme. Très tôt, m'avait-il expliqué, il s'était rendu compte qu'il avait un don pour séduire, d'ailleurs son surnom de l'époque, c'était « gros cul, bel œil ». Il disait qu'il y a ceux qui savent faire rire, et ceux qui ne savent pas. Que lui faisait partie des premiers. Le rire, comme le charme, poursuivait-il, c'est indéfinissable. On peut rater un effet, bien sûr, mais le plus souvent on atteint une sorte d'orgasme comique. Dès la maternelle, il avait deviné instinctivement qu'il était de la trempe des comiques. Il ne se faisait aucune illusion : c'était pour être regardé qu'il cultivait ce don. Pour « faire son intéressant ». Pour être la star du groupe. Plus que sa carrure, cette aura lui a assuré un traitement de faveur dans chaque groupe où il se trouvait.

Roger a toujours été chef. Chef de classe, chef de bande, capitaine de l'équipe de hockey, de celle de basket-ball. Bien sûr, certains ne l'appréciaient pas – dans ces cas-là, il en rajoutait des tonnes pour se montrer encore moins « aimable » – mais ce qui l'intéressait c'était de se savoir en confiance, de savourer son charme agissant sur les autres. Pas pour les rouler, ni pour les influencer, mais pour se sentir aimé et, en retour, leur donner le meilleur. Grâce à ce charme, « le plus obscur des dons », écrivait-il dans son premier livre, *L'Ours en lambeaux*, « j'ai compris que je pouvais tout : on m'aimait. On m'aimait parce que j'étais moi ».

Chef de bande, il le restera jusqu'au bout. Les camarades d'enfance, les amis ne s'oublient pas. En 1980, avec deux d'entre eux, Daniel Lugassy et Michel Loeb, ils fondent le CAD, Club des anciens de Djerba, tous les trois étant très attachés au lieu de leur première rencontre, la Tunisie. Une fois par mois, ils se retrouvaient *Chez Fernand*, leur QG, pour dîner. Pas question de manquer ce rendez-vous. Même si Roger traversait une période difficile et avait des problèmes d'argent, il se débrouillait pour l'honorer. Le médecin de la bande, Daniel, venait le chercher dans sa belle voiture américaine, montait dans son appartement. Là, Roger se tournait vers Christine, son épouse : « Maman – il l'appelait maman –, donne-moi un peu d'argent ! T'as combien sur toi, le docteur ? Deux cents francs ? Maman, donne-moi comme le docteur. » « Maman » obtempérait, et il s'en allait refaire le monde avec ses copains. Pour leur premier voyage, le trio avait bien sûr choisi la Tunisie. Deux autres amis s'étaient alors joints à eux : André Messica et Karim Alaoui. Ensuite, le CAD partait deux ou trois fois par an au Maroc, au Sénégal. Le soleil, toujours le soleil. En bande, autour de mon Rodgeur, roi Soleil, éblouissant sa cour de sa bonne humeur communicative.

Il a toujours su d'où il tenait cette sensation de puissance : de l'amour fou de sa mère. De l'amour des femmes en général, puisqu'il a grandi auprès de trois sœurs et de sa grand-mère. Sans compter la vénération que lui portait Mme Abou qui venait le prendre dans la chambre de ses parents où il dormait, entre Titine et Joseph, pour le câliner. Parfois, elle leur demandait de l'emporter dans sa chambre à elle parce que son mari, rentré passablement éméché après avoir abusé des bons vins algérois, refusait de se calmer et de s'endormir s'il ne prenait pas le petit Roger dans ses bras ! De fait, une fois en compagnie du garçonnet, M. Abou s'assoupissait dans le fauteuil du salon, apaisé. La maisonnée pouvait enfin dormir. Un jour, Mme Abou l'avait emmené, à l'insu de ses parents, chez le photographe local pour faire son portrait. Ce qui représentait une dépense colossale pour leur budget de petit peintre en bâtiment. Peu importe, rien n'était trop beau pour Roger. Il avait bien un frère aîné, Pierre. Plus âgé, celui-ci était vite parti à l'armée, et n'a jamais été un rival. Roger était surtout adulé par sa petite sœur, Annie. Quand il partait au cinéma, Annie s'endormait derrière la porte d'entrée. Elle savait qu'ainsi il la réveillerait en rentrant, qu'elle pourrait le voir et obtenir un baiser. Si ce n'est pas de l'adoration, ça… Grandir dans un tel matriarcat, avec des femmes aimantes qui lui ont répété qu'il était beau, fort, intelligent, formidable, aurait pu le rendre odieux. Il a bien eu ses phases de colère et de caprice, mais il savait que sa joie de vivre, sa sérénité aussi lui venaient de ce terreau d'amour-là. Qu'importe s'il n'était pas habillé comme un dieu, ni riche, qu'importe s'il n'était pas considéré comme les Français de France, il y avait une chose qu'on ne lui enlèverait pas : la conviction que, partout où il irait, il rencontrerait quelqu'un pour l'aimer.

Quand je serai grand, je serai mac

Parmi les femmes qui avaient un béguin pour lui, il y avait aussi les prostituées du quartier. La première fois que je l'ai entendu en parler, j'avoue que je suis restée bouche bée. Pour moi, c'était le mal, évidemment. J'étais gosse, je ne savais rien. Mais comme toujours, et comme ce sera ensuite le cas avec mon Rodgeur, tout sera nuance, intelligence, et délicatesse. De ce métier qui, à mes yeux, côtoie l'enfer, Roger n'avait connu que le versant tendre. Petit, ces femmes le fascinaient. À peine sorti de l'école, il filait les rejoindre. Elles lui donnaient des courses à faire, parfum, cigarettes, bas de soie, en échange de cinquante centimes. Quand ce n'était pas leurs julots qui lui glissaient la pièce – toujours bienvenue car on ne roulait pas sur l'or chez les Lévy. Les maquereaux le faisaient rêver. Il me disait que pour lui, enfant, ils représentaient le nec plus ultra. « En Afrique du Nord, écrivait-il dans son autobiographie[1], avoir une femme, coucher avec une femme, c'était le paradis terrestre. Pour nous juifs pieds-noirs, faire l'amour était un acte étonnant, surprenant, quasiment

---

1. *L'Ours en lambeaux*, éd. Encre, 1983.

inaccessible sinon par l'esprit ou l'imagination. Aussi, lorsque nous pensions aux macs qui non seulement possédaient des femmes, mais encore étaient aimés d'elles au point qu'elles se livraient à d'autres pour leur donner de l'argent, cet exercice intellectuel avait pour nous quelque chose d'insoutenable au niveau du raisonnement. Si on ajoute, bien sûr, qu'à l'époque ces maquereaux étaient bien habillés, chemise blanche, chaussures bicolores astiquées, on peut comprendre que, pour des esprits faibles et infantiles, cette espèce d'hommes ait pu exercer une forme de mythification troublante, imbécile et corruptrice. » Il a cessé de rêver d'être mac quand il a compris qu'il s'agissait en fait d'indics. Tout cela paraissait bien curieux à une gamine des années 1990 née en France. Reste qu'il y avait chez lui cette fascination pour la femme, qui semblait alors commune à beaucoup de jeunes gens et d'hommes d'Afrique du Nord. Et qui ne lui était jamais passée. Il disait souvent que la femme restait pour lui un mystère. Suscitant autant de douceur maternelle que de désir, ce qui, parfois, l'embrouillait.

Paula la Maltaise a un nouvel amant

Il ne l'a jamais caché. Ni à moi ni à ceux qui l'interviewaient ou le lisaient. C'est une femme dite de petite vertu qui l'a déniaisé. Ses parents avaient pourtant pris des précautions. Il avait six ans quand ils ont choisi de quitter les ruelles crapuleuses de la Casbah pour s'installer à Bab El Oued. Modeste mais mieux fréquenté. Coursier de proxénètes ne pouvait être un métier d'avenir. Qu'importe, Roger retournait voir ses copines. Toujours des petites courses, toujours quelques sous glissés dans la poche de sa culotte courte. Et puis, un jour, il a voulu se comporter comme un grand. Il avait treize ans et, avec les potes, ils ont décidé que l'heure était venue de la « première fois ». C'est Kader qui a lancé : « Demain, on va voir les femmes. Qui vient ? » Pas le style de Roger de reculer. Il se débrouillerait pour trouver les deux francs requis. Le lendemain, ils n'étaient plus aussi nombreux que la veille, mais Roger, malgré sa frayeur, a répondu à l'appel. Il a eu droit à son « initiation » par Paula la Maltaise. Paula, la quarantaine déjà bien entamée, qu'il voyait faire ses courses à la même épicerie que fréquentait sa mère. Au moment de monter, son cœur palpitait si fort, il était si terrifié – avec l'âge, il en rira – qu'il s'étonnera de ne pas en avoir gardé de séquelles : « Je me demande comment on peut ne pas être définitivement dévoyé par un tel traumatisme. » L'après-fanfaronnade a des relents moins guillerets… Mais Paula a su y mettre les formes. C'était un gamin tout de même, l'un de ses « clients » de course. Elle lui offrira un café ensuite. Il s'en souviendra avec émotion. Aurait-elle fait de lui un bon amant ? Le fait est, comme s'en amusait Simone Signoret, qu'il disait n'avoir jamais eu de réclamation… Il ne s'adonnera plus de sitôt à cette activité. Le basket, avec un vrai ballon, prendra le relais.

Dans sa jeunesse, Roger était un athlète. Il a pratiqué nombre de sports collectifs. Moi, je l'ai connu plus tard, à la soixantaine bien entamée. Les salles de sport ne faisaient plus partie des lieux qu'il fréquentait. Ses épaules de déménageur lui permettaient de compenser son embonpoint.

Gourmand, vous avez dit gourmand ?

Roger était un bon vivant. Incapable de résister à la bonne chère. Il passera sa vie à lutter contre l'excès de poids. À sa façon, qui n'était pas très orthodoxe. Chaque année, avec Christine Gouze-Rénal, son épouse, il se rendait en cure de thalassothérapie à Quiberon. Huit jours de soins et de repas diététiques. Il en revenait délesté de quelques kilos… de quoi s'accorder une marge pour s'adonner ensuite à ses plaisirs préférés, et les reprendre aussi sec. Le nombre de fois, par exemple, où il m'a envoyée lui chercher des caramels ! Il en avait partout, « en cas de besoin », dans les poches de sa veste, de son pantalon. Incapable, de n'en manger qu'un ou deux. Le sachet entier y passait. On retrouvait des papiers de bonbons dans sa loge, dans les tiroirs de son bureau. Même chose pour les chocolats. Il avalait la boîte ! Pour une scène d'un des premiers épisodes de *Navarro*, celui intitulé « Fils de périph' », père et fille faisaient un jogging. Navarro monte sur sa balance pour montrer à sa fille qu'il a bien dû perdre cinq cents grammes. Je n'ai pu m'empêcher d'écarquiller grand les yeux : c'était la première fois que je voyais un nombre à trois chiffres s'afficher sur une balance ! Devant ma stupéfaction, Roger a plaidé sa cause : il mesurait tout de même un mètre quatre-vingt-dix et était plutôt costaud…

Pas besoin de psychanalyse, il ne fallait pas chercher loin la raison de cette frénésie alimentaire : réflexe d'ancien pauvre. Il avait connu la peur de manquer, et l'habitude de se caler avec du pain, des pommes de terre, des féculents, aliments qui ne sont guère recommandés si l'on veut être filiforme. Le sport, la plage, l'activité lui ont permis dans un premier temps de donner le change, mais dès que sa vie est devenue plus sédentaire, mon Rodgeur, incapable de se rationner, n'a pas modéré ses coups de fourchette. Pas le genre à laisser quelque chose dans son assiette. Chez les pauvres, on finit ce qu'on vous a servi. Il a connu la faim. Il racontait toujours cette scène, qui par ailleurs en dit long sur sa mère, Victorine, qu'il aimait tant. C'était en 1940. Son père était bloqué en France, dans la France occupée, où il avait été nommé deux ans auparavant contrôleur des Postes à Aubervilliers. À Alger, sa mère, qui travaillait jusqu'alors à l'administration des PTT, venait d'être renvoyée parce que juive. Plus un sou dans le porte-monnaie, il fallait se débrouiller avec du pain, quelques fruits et légumes et de l'eau pour gonfler les estomacs. Mais Victorine, grande dame, ne se laissait pas abattre. Elle avait institué une sorte de cérémonial. Elle lançait : « Nous allons passer sur le balcon et prendre le dessert ! » Parfois il y avait de la pastèque, un melon, mais le plus souvent c'était du pain. Elle le découpait en morceaux, annonçait « Ça c'est du pain », continuait d'en découper et disait « Ça c'est le fromage », puis, avec d'autres morceaux qu'elle leur distribuait précieusement, concluait

« Ça c'est le gâteau ». Parfois ce même pain devenait du poisson, de la viande. Tous faisaient semblant d'y croire. Elle procédait avec une telle grâce. Roger m'a toujours dit que ces moments restaient les plus beaux de sa vie. Plus sûrement que tous les repas qu'il s'offrit chez Maxim's ou au Fouquet's. Cela lui avait permis d'apprécier les plats modestes, le bonheur de déguster une simple part de fromage. S'il n'y avait pas de vin, il savait se contenter d'eau.

Cela n'empêchait pas les moments de gourmandise. Et même s'il m'avait fait connaître de grandes tables, même s'il appréciait au plus haut point ces petites diversions de riches, il se définissait toujours comme l'homme se sentant mieux dans un monde modeste. À propos de ces diversions, comment oublier la fois où il m'a fait déguster du caviar ? J'avais vingt ans, je n'en avais jamais mangé et il voulait à tout prix être celui qui me le ferait découvrir. Direction La Maison du caviar près des Champs-Élysées. Il en a commandé en quantité, et le meilleur, fier de pouvoir m'offrir ce qu'il y avait de plus cher. Jamais je n'avais vu une addition aussi énorme, mais, plus que m'épater, il avait eu plaisir à dépenser son argent et à jouir de l'instant présent. Nous étions comme les rois du monde ! Cela aurait pu virer à l'indécence, mais il ne manquait jamais de me rappeler combien nous avions de la chance et donc d'en profiter au maximum. Je ne suis jamais retournée à La Maison du caviar et n'y retournerai sans doute jamais. De toute façon, sans lui, le caviar aurait-il le goût divin qu'il a eu ce soir-là ?

Il est un autre endroit, chic aussi, où, en revanche, il m'a souvent emmenée. Il me l'avait fait découvrir à l'âge de douze ou treize ans. C'est même mon premier souvenir culinaire avec Roger. On venait d'avoir une discussion très sérieuse sur les éclairs au chocolat, notre pâtisserie préférée à tous deux. Le voilà qui s'emballe et m'explique qu'aucun éclair au chocolat ne valait celui du Fouquet's ! Ni une ni deux, il m'y emmène, afin que je déguste et donne mon avis. Il ne s'était pas trompé. Leur éclair est vite devenu mon préféré, pas trop chocolaté, moelleux à souhait. J'ignore si le chef pâtissier est le même aujourd'hui, mais je garde au fond de ma mémoire le souvenir du plaisir exquis d'avoir cédé à la gourmandise avec le plus fin des connaisseurs, l'empereur des gourmands.

C'est aussi au Fouquet's que nous avons dîné ensemble la dernière fois. Le 20 octobre 2014, pour son anniversaire. Dans un salon privé du premier étage, une immense tablée réunissait toute sa bande : Robert Hossein, Alexandre Arcady, Alain Delon, Michel Creton, Jack Lang, sa fille Isabelle, ses deux fils, Maxime et Simon, mais aussi Colette, son indispensable secrétaire, et Wafa, la mamma marocaine qui s'occupait de lui avec tendresse, lui préparait ses repas, allant jusqu'à lui enlever la peau des tomates parce qu'il les aimait comme ça, et puis moi, si heureuse de le retrouver. Roger, en polo et gilet, était au centre. Assis dans son fauteuil roulant. Il avait la mine fatiguée, mais semblait content d'être là avec nous, comme avant. Nous allions chacun passer un petit moment près de lui. Soit pour un simple baiser, soit pour lui glisser un mot doux ou lui rappeler un souvenir. L'atmosphère était joyeuse. Pas d'éclairs au dessert mais un grand gâteau, au chocolat bien sûr, avec un nombre substantiel de bougies. On a pris une photo de groupe. Il m'a glissé à l'oreille que ce serait sans doute l'un des derniers repas que nous partagerions ensemble. J'ai lutté pour ne pas fondre en larmes, je suis partie vite avant de ne pouvoir les contenir. Quelques mois plus tard, tu nous quittais.

Lévy, Hanin, Boidron, Dupont… quelle différence ?

J'ai sursauté un jour quand j'ai entendu un de ses amis l'appeler « Roger Lévy ! ». Comment, il ne s'appelait pas « Hanin » ? Il m'a expliqué qu'il avait pris le nom de sa mère, Hanin, qui signifiait en arabe le doux, le généreux, parce que c'était plus « facile » à porter. Lévy, Hanin, Boidron, Dupont… Quelle différence ? En quoi Hanin était-il plus simple ou joli à entendre que Lévy ? J'étais loin du compte. Loin de savoir, loin de me douter. Quelle patience Roger a eue pour me faire comprendre son histoire. À moi, la petite Française de Français moyens. Ça voulait dire quoi être juif ? Pied-noir ? Et pourquoi ces blagues, qui faisaient hurler de rire tout le monde sur le plateau de *Navarro*, avaient-elles quelque chose de si particulier ? Des blagues juives, des blagues pieds-noirs, des blagues, toujours irrésistibles quand c'est lui qui les contait, mais fondées sur des traits, des caricatures, des relents pour moi mystérieux. Parfois, j'avais hâte de grandir pour comprendre…

Lui aussi, au même âge, devait parfois avoir hâte. Pour d'autres raisons, plus graves. De celles qui vous donnent envie d'avoir des épaules d'adulte pour, un jour, pouvoir en remontrer à qui vous a humilié. C'était cela aussi être juif. Une fierté née de l'intolérance. Une fierté, dont Salomon, son grand-père paternel rabbin, aussi géant qu'aveugle, se drapait, avec cette tendance – qui amusait beaucoup Roger – à « judéiser » tous les grands hommes. De Corneille à Balzac. Comme s'il avait voulu remonter le moral des troupes ou plutôt des siens. Parce qu'il avait alors de quoi être à plat, leur moral. En ces années sombres, il ne fallait pas avoir l'ouïe très fine pour capter l'affreuse rumeur de l'existence des camps. Même en Algérie. Dans le sud du pays, il se murmurait qu'il y avait des camps de concentration pleins de prisonniers, juifs, arabes, communistes. Pour la communauté juive, le pire s'annonçait. Alors, on se rengorgeait comme on pouvait. Et pourquoi pas en avançant que Montaigne était aussi juif que Rubinstein ?

Ce n'est pas Montaigne en tout cas qui aurait eu droit au traitement de défaveur qui fut réservé à Roger à quatorze ans. Imaginez. Un mercredi. Une classe d'adolescents avec leur professeur. Soudain le proviseur, le surveillant général et le censeur du lycée Bugeaud entrent. Une liste à la main, le surveillant général se met à épeler : « Bacri, Benchetrit, Blum, Cohen, Darmon, Lévy… » Et chacun de se lever à l'appel de son nom. Pas vraiment surpris : depuis quelque temps, l'information avait circulé. Un peu partout, dans les écoles, s'appliquait l'une des mesures sans doute les plus vexatoires de l'arsenal antisémite vichyste en Algérie : le *numerus clausus* qui limitait la scolarisation des enfants juifs. Il existait en Algérie un antisémitisme larvé. De la part de Vichy, mais aussi des colons, des Arabes. Car beaucoup n'avaient pas digéré le décret Crémieux de 1870 qui accordait aux Juifs la citoyenneté française. Le vrai atout pour l'émancipation des Juifs algériens à la fin du XIXe siècle était bien leur scolarisation. Vichy, moins sous la pression des Allemands que des colons, s'est empressé d'abroger ce décret Crémieux, le 7 octobre 1940, puis a décidé de limiter le quota d'enfants juifs par classe à 14 % des effectifs. Or, en 1940, d'après le site *Judaic Algeria*, ils ne représentaient que 8 % des effectifs du primaire et 15 % du secondaire. Qu'importe, « les enfants juifs sont renvoyés de façon ostensiblement humiliante de leurs classes entre octobre et décembre 1941. Le seuil tombe à 7 % pour l'année 1942-1943 dans le primaire et le secondaire ».

Or, avec le concours des israélites de la métropole, le Consistoire central de France avait obtenu dès 1832 le droit de fonder des écoles mixtes en Algérie, avec un enseignement donné en français. Et voilà que cet acquis, est soudain remis en cause !

Roger en subit les conséquences à un âge où l'on se croit épargné par les conflits des adultes. Victime du « numerus clausus » ! Roger avait beau avoir entendu parler de cette mesure discriminatoire, il espérait un miracle, ou un réflexe de bon sens des hommes aux responsabilités… Las, son nom a bien retenti et, comme les autres, il a dû sortir de la classe, sonné. « Lorsque le surveillant général a proclamé mon nom, écrit-il dans *L'Ours en lambeaux* : Lévy Roger ! Je me suis levé. Il y avait en moi une douleur faite d'humiliation, de crainte, de honte mais, je peux l'assurer en écrivant ces lignes, je sentais aussi dans ma poitrine et dans mon cœur une force immense que je tenais en réserve. Jamais je ne me suis senti vaincu, jamais je n'ai douté qu'un jour Dieu me sauverait. Je n'étais pas seul, mon grand-père Salomon Lévy me l'avait dit. Mais, bien sûr comme mes camarades déjà dans la cour, j'ai quitté la classe à mon tour. » Dehors, le surveillant général leur annonce qu'ils sont renvoyés chez eux, qu'ils recevront une lettre. Ils n'avaient rien fait de répréhensible, ni volé, ni perturbé une seule heure de cours. Certains même étaient excellents élèves, comme Roger, premier en français, premier en version latine, sportif accompli. Renvoyé ! Parce qu'un petit Austro-Hongrois à la moustache ridicule et à l'esprit détraqué avait fait jaillir d'autres êtres humains les pires réflexes d'inhumanité.

Un Juif dans la classe !

Il y avait de quoi haïr la France de s'être laissé ainsi contaminer, jusqu'en Afrique. Mais Roger n'a jamais eu de ces réflexes simplistes. Dans un premier temps, avec la résignation de ceux qui ont par trop intégré l'injustice des classes sociales, culturelles, raciales, il accuse le coup sans tapage, se remontant le moral avec les copains, la plage, la mer, la chaleur… On le sait depuis Aznavour, le pire serait moins pénible au soleil.

Cette injustice-là, son professeur de lettres, un certain Pierre Vincent, ne l'admet pas. Il s'oppose frontalement au proviseur. Il rappelle les dérogations prévues à l'application de ce numerus clausus : si les parents ont un passé militaire valeureux au service de la France ou si l'élève a de très bons résultats scolaires. Pierre Vincent rappelle que non seulement Roger est un excellent élément mais que son père, Joseph, est un ancien combattant et un mutilé de la guerre de 14-18. Autant de conditions « réglementaires » pour qu'il échappe au renvoi. Il obtient gain de cause. Roger réintègre le lycée Bugeaud et poursuit sa scolarité dispensée par des professeurs agrégés. Ses camarades d'infortune, eux, se retrouvent au lycée Maïmonide.

Ce n'est pas toujours facile à vivre. Il a l'impression d'être le « jaune », le « harki », le Juif protégé. Ce hiatus entre les racines et la formation le tenaillera longtemps. Entre sa judéité, sa naissance en terre arabe, langue qu'il n'a pas apprise même s'il en connaît des rudiments – de quoi m'épater quand il m'emmènera en voyages en Afrique du Nord –, et son amour pour la France. Malgré tout. Parce qu'il y a eu, lors de son adolescence, un Français, Pierre Vincent, qui a su lui transmettre l'amour des belles lettres, et s'est battu pour qu'il étudie. Pas étonnant que Roger l'ait toujours considéré comme son père spirituel. Aujourd'hui, on parlerait de « résilience », et il y a en effet quelque chose de cet ordre-là. De quoi, en tout cas, ne pas écorner sa fierté d'être français.

Quand je disais qu'il devait lui tarder parfois d'avoir des épaules de déménageur, c'était une image. Roger n'était pas du genre à vouloir en faire usage. Simplement, il est un moment où il a dû se faire violence pour cesser d'être le Juif honteux. Cela ne se produit pas du jour au lendemain. Et était-ce jamais passé ? Quand il disait à Christine : « Mais qu'est-ce qui t'a pris, à toi, la Bourguignonne, d'épouser un petit Juif comme moi ? », et même s'il affichait alors un large sourire, on sentait bien qu'il ne plaisantait pas tout à fait. Comme s'il n'en revenait pas d'être sorti de l'ornière où ces années de formatage l'avaient enseveli. Combien de fois ne m'avait-il pas raconté son impérieux désir de partir pour la France ? De fuir cette hiérarchie, Français, Juifs, Arabes, tant il rêvait d'être français tout court ? « J'ai aimé la France d'un amour fou, a-t-il confié dans son livre, et je l'aime encore d'une semblable passion. »

Cela lui a pris du temps. Mais les crachats et l'humiliation aident à accélérer le mouvement. Comme cet été 1940. Pendant les vacances scolaires, Roger cherchait un boulot pour renflouer les finances familiales. Il est commis aux écritures chez Borgeaud, une entreprise qui transforme les alphas, des plantes graminées récoltées sur les hauts plateaux d'Afrique du Nord, en papier. Il a quatorze ans et demi. Pour plus de « facilité », il s'est fait embaucher sous le nom de Roger Hanin. Manque de chance, un copain l'aperçoit et, ignorant le subterfuge, le hèle : « Lévy ! Lévy ! » Employés, cadres, tout le monde soudain se fige. Il y avait un Juif parmi eux ! Et, cette fois, pas de rire sous cape, comme devant Pierre Desproges insinuant sur scène : « On m'a dit qu'il y avait un Juif dans la salle… » Aussitôt, Roger est envoyé chez le directeur, M. Murator. Évidemment, il n'a jamais oublié ce nom.

— Alors, monsieur Hanin, on s'appelle Lévy ?

Lourd silence. Roger est au bord des larmes.

— Oui, monsieur.

— C'est votre vrai nom ?

— Oui, monsieur.

— Vous avez honte de votre nom ?

Et là, Roger, qui dira, des années plus tard, s'en repentir encore, répond :

— Oui, monsieur.

Non content de cette première humiliation, le sadique M. Murator insiste :

— Vous avez honte de votre nom ?

— Oui, monsieur.

Et devant Roger, cette fois en sanglots, l'homme lâche :

— Vous avez bien raison.

Il lui indique la porte. Viré. Fin du boulot d'été.

Cinq ans plus tard, alors que Roger, devenu un grand gaillard et aspirant dans l'armée de l'air, fier dans son uniforme, se promène dans la rue, il reconnaît M. Murator. Qui semble aussi se dire que ce visage lui rappelle quelque chose. Roger s'approche de lui :

— Monsieur Murator ?

— Oui.

— Je m'appelle Roger Lévy et j'en suis fier.

Et, pour conclure, Roger lui crache à la figure. Il ne s'est jamais vanté de ce comportement auprès de moi. Il me l'a juste raconté tel quel pour que je comprenne. Pour que je comprenne à quel point l'humiliation peut être violente pour qui la subit.

Patriarcat contre matriarcat

Moi, personne ne m'avait jamais humiliée de la sorte. Je me demandais comment cet homme fort en gueule avait pu l'être. En même temps, je voyais bien qu'être adulte ne vaccine en rien contre le rapport de forces, la volonté d'écraser l'autre. Sous mes yeux, j'avais mon père et ma mère ! Oh, ce n'était pas la même violence, ni la même oppression, mais ce que je voyais ne dégageait rien de particulièrement harmonieux. Est-ce parce que j'étais une fille, et l'aînée, que j'ai fini par y être sensible ? Mais tous les enfants n'ont-ils pas un sens inné de la justice ? Petite, bien sûr, je n'ai rien vu. J'avais un père plutôt copain, plutôt proche, et les préoccupations de couple des grands ne me touchaient pas. C'est en grandissant que certaines choses m'ont choquée, et que j'ai pu comparer avec l'histoire que me racontait Roger. Chez moi, aucune parité entre mon père et ma mère. Un couple formaté à l'ancienne. Étonnant pour des gens qui n'avaient que onze et douze ans en mai 68. Papa avait tels ou tels desiderata, maman s'y pliait. À elle ensuite de se priver, de se débrouiller pour que la maison tourne. D'être la femme dévouée autant que bafouée.

Roger me posait parfois des questions sur mes parents. Je lui racontais succinctement ce qu'il en était, il a vite compris. Ce n'était pas une quelconque « pudeur » qui le retenait de m'en parler : cette qualité n'en était pas une à ses yeux. Pour lui, les gens dits « pudiques » étaient surtout cadenassés de l'intérieur, voire sournois et mesquins. Lui, au contraire, aimait ceux qui parlent d'eux, ne cachent pas ce qu'ils éprouvent, se fichent d'être convenables. « La pudeur ne se mesure pas au fait de parler ou de ne pas parler, disait-il, la pudeur se mesure à la vulgarité. Il y a la manière et les circonstances, le temps qu'on se réserve à se raconter et pourquoi. Pour moi, il est tout à fait évident, nécessaire, indispensable d'écouter les autres. Moi, je ne suis pas un homme pudique – on s'en est aperçu – mais je n'ai pas l'impression d'être impudique. » Il n'était ni impudique ni indiscret, il attendait seulement que les choses viennent de moi, que je grandisse et décide du moment venu pour me confier. Je me rappelle également Roger disant que la pudeur s'arrêtait à la laideur, or ce que je voyais de la relation entre mes parents ne me semblait pas très beau. Je crois surtout que Roger aimait ma réserve. Elle traduisait mon goût du bonheur, mes efforts pour le protéger et ce refus de me laisser atteindre par ce qui était laid.

S'il y a bien une chose que Roger n'avait pas, lui, c'était cette fascination, voire, dans le cas de mon père, cet asservissement à la « belle voiture ». Il n'a jamais eu de goûts tape-à-l'œil. Et puis il a toujours vu ses parents se dévouer corps et âme pour leurs enfants. Ce n'est pas Joseph, son père, qui aurait fait passer son petit bonheur personnel et mesquin avant celui des siens, ou, encore plus inimaginable, qui se serait passé de l'aval de son épouse pour acheter quoi que ce soit ! Pourtant, Victorine et Joseph étaient nés au début du siècle, et en Algérie. Chez eux, c'était même tout l'inverse. Déjà, Victorine était de quatre ans plus âgée que Joseph. Cela ne se faisait pas à l'époque. Bien plus tard, Roger épousera Christine, une femme de onze ans de plus que lui. Les temps avaient changé. Non seulement Victorine était plus âgée, mais elle avait aussi un tempérament plus fort. Roger a toujours dit que son père était un grand enfant, un homme gentil, sincère, généreux, idéaliste, plus qu'un « chef de famille » imposant ses oukases en tapant du poing sur la table. Les décisions, c'était maman. Les cordons de la bourse, c'était maman. Une enfance sous le régime du matriarcat. Mais attention, pas de Folcoche, de Cruella ou de méchante sorcière. Victorine était la douceur incarnée, ce qui n'excluait pas la fermeté. Femme d'autorité sans faire montre d'autoritarisme, elle était drôle, créative, fantasque, parvenant à ses fins sans s'énerver ou élever la voix.

À la différence de ce qui se passait chez moi, le père de Roger remettait la totalité de son salaire à sa femme. En monnaie sonnante et trébuchante sur la table de la cuisine. Roger l'a raconté, avec les chiffres exacts du traitement paternel : « Je me rappelle qu'à l'époque. Il obtenait régulièrement, comme fonctionnaire, une très légère augmentation trimestrielle et lorsque, par exemple, il avait reçu trois mille deux cent quatre-vingts francs, il disposait les billets de mille francs d'un côté, les billets de cent de l'autre, et le reste, au milieu. Ma mère, comme une princesse, lui donnait alors le reliquat :

— Voilà pour ton argent de poche, Joseph.

Et elle lui remettait quatre-vingts francs. Les comptes étaient extrêmement précis. »

Victorine gérait ensuite le budget. Impératrice douce mais sûre de sa légitimité, et pas dupe des enfantillages de son époux. Invalide de guerre à 60 % avec un bras gauche complètement rigide, Joseph touchait une pension militaire. Même chose que pour son traitement, il la remettait à chaque fois à Victorine. Un jour, comme le grand enfant candide qu'il était, il a voulu s'accorder du rab. En fait, la pension trimestrielle venait d'être augmentée, mais il s'était gardé de le dire. Il remettait la somme habituelle, s'accordant cette petite augmentation dérisoire, comme un gosse content d'avoir piqué dix centimes d'euro à sa mère… Titine était parfaitement au courant que les pensions avaient augmenté. Après deux ou trois trimestres de ce cirque, elle a négligemment lâché : « J'ai lu, Joseph, je ne sais plus dans quel journal, que les pensions de mutilés de guerre avaient augmenté, c'est vrai ? » Joseph, cramoisi, a nié avec véhémence. Trop fort, pour ne pas trahir son entourloupe. Magnanime, Titine a conclu : « Si tu me dis que les pensions n'ont pas augmenté, eh bien je te crois, on ne va pas en faire une affaire d'État… » Touché, le Joseph.

Grand enfant touchant aussi. Roger adorait son père. Je l'ai souvent envié d'avoir pu ressentir cette admiration-là. Il se souvenait que, malgré son bras gauche inerte, Joseph gardait une pugnacité exceptionnelle. Il jouait au tennis avec l'autre bras, nageait, ne conduisait pas mais, jouissant d'une réduction dans les trams algérois, se rendait aux bains Padovani, que lui offrait Victorine. Elle veillait aussi à ce qu'il ait des balles de tennis neuves. Que demander d'autre à la vie ? Joseph était heureux. Et, quand il voulait un petit bonus, il demandait à « maman », comme il l'appelait, qui le lui accordait ou non.

Évidemment, je ne dis pas que ce système était ce que j'aurais rêvé de voir appliqué chez moi, mais, entre les deux, il y avait peut-être une juste mesure…

Papa Joseph, un sacré coco

Papa Joseph est mort le 10 janvier 1960. Ce jour-là, Roger, qui se savait son préféré, a dit avoir « compris ce que ça voulait dire être orphelin, privé de sa substance, vidé de ce que, jamais, plus personne ne pourra vous donner ». Pourtant, quand, des années plus tôt – Roger avait vingt-trois ans –, il avait vu son propre père pleurer le sien, il ne concevait pas comment un quinquagénaire pouvait à ce point être désespéré. Il a fallu qu'il le vive à son tour, comme moi je l'ai vécu lorque Roger quand il nous a quittés, pour se rendre compte. Le vide. Les souvenirs lancinants, si attendrissants.

Lui, il s'attendrissait d'avoir eu un père différent. Un homme « incroyable », « impensable », un homme qui s'adonnait au nudisme à une époque où c'était mal considéré, voire jugé pervers, ce que, dans sa totale innocence, Joseph ne mesurait pas. Souvenir de ces journées passées au soleil, avec ses sœurs et frère dans les camps de nudistes de Grande ou Petite Kabylie : « Pour moi, expliquait Roger, la nudité, c'était naturel, c'était la pureté. » Il gardera toujours une prédilection pour ce naturel, ce côté sain. « Une femme nue, soutenait-il, c'est plus vrai qu'une femme qui se présente avec des jarretelles, un soutien-gorge, un string. C'est une façon artificielle d'exciter le désir. »

Mais ce n'est pas ce trait-là qui singularisait de Joseph. Il était avant tout un communiste. À l'époque, en Algérie être communiste, n'était pas une sinécure. En tout cas, c'était autrement plus dangereux que de rêver aujourd'hui, à Saint-Denis, à des lendemains qui chantent. Roger s'est souvent demandé ce qui avait pu amener son père à le devenir, à être de ces « fanatiques qui répètent les paroles du sommet et se répercutent jusqu'à la base ». Il l'analysait avec assez de distance, connaissant l'idéalisme du personnage. Sachant aussi sur quel terreau il avait grandi : presque la misère, même s'il y a toujours pire. Employé à la mairie d'Aïn Beïda, le père de Joseph avait un salaire ridicule. Il y avait une vache dans la cour de la maison pour tirer le lait, dont on faisait du fromage qu'on vendait ensuite. Mais il y avait aussi sept enfants… Joseph, l'aîné, et son frère Raymond étaient les bons élèves de la famille. Comme il n'y avait pas assez d'argent pour leur offrir un dictionnaire, tous deux l'ont recopié mot après mot sur des feuilles de papier. Roger en déduisait que son père, ayant grandi dans la gêne, était le « client idéal » pour les responsables communistes de l'époque. « Si l'on ajoute qu'il était naïf, sensible, que son niveau d'instruction, le brevet supérieur, équivalait à notre baccalauréat actuel, tout son environnement le prédisposait à aviver son désir de comprendre, aimer et s'engager. Mon père était si prompt à l'admiration que s'il a rencontré un communiste français brillant, intelligent, eh bien, il a pu être séduit, touché intellectuellement et affectivement. » Voilà pour son analyse. Reste que cette affiliation au communisme a marqué l'enfance de Roger. « À la maison, résumait-il, on ne parlait pas politique, on parlait communisme. » Haro sur l'injustice, l'inégalité. Le Parti offrait par ailleurs la chaleur d'une vraie famille à Joseph ; lui qui avait toujours manqué d'autorité au sein de la sienne devait s'y trouver bien.

Un temps, par fidélité envers son père, et marqué par cette « beauté du cœur » qu'il disait n'avoir trouvée que chez ses compagnons de route, Roger a fait partie des Jeunesses communistes. Il avait quinze ans. Nostalgie d'une époque où « pour les communistes, en Algérie ou en France, on pouvait bien être arabe ou juif, si on travaillait sur un même chantier, il n'y avait pas de différence ». Ensuite, en désaccord avec les positions du Parti sur Israël – tout comme son père d'ailleurs, qui a fini par prendre ses distances avec ses compagnons de route, et par se déprendre de l'orthodoxie stalinienne –, puis sur la Hongrie et la Tchécoslovaquie, il s'est carrément félicité de ne plus avoir sa carte du Parti. La politique a même cessé de l'intéresser entre dix-huit et trente-cinq ans. La France, les femmes, le théâtre, la carrière, la vie ont pris le dessus. Pour autant il s'est toujours senti de gauche. Lucide, il expliquait : « On peut, à l'envi, déverser sarcasmes et quolibets sur ce vocable de gauche qui s'est peut-être dévitalisé, vidé de sa substance, mais être de gauche, cela signifie tout de même quelque chose. Être de gauche, c'est ressentir un besoin vital de justice. Il existe des gens qui n'ont pas besoin de justice. Il ne faut pas nécessairement les ranger parmi les dévorants, cruels. Non, simplement, l'injustice n'est pas une sensation qui compte, les taraude, les gêne. »

Lui, si. Et cela n'a jamais cessé. Et, même si je ne venais pas du même univers politique, j'avais au fond de moi ce sentiment lancinant d'injustice que nous faisait subir à sa façon mon père. Malgré nos destins divergents, nos deux générations d'écart, je comprenais ce qu'il voulait dire.

Le « beauf » ?

Je savais aussi, malgré mes dix ans, que l'on appelait mon partenaire « le beauf ». Késako ? Et le beau-frère de qui ? Maman m'a un peu expliqué. Roger Hanin appartenait la famille de notre président de la République. Qu'il avait épousé je ne sais qui, lié avec je ne sais trop qui, qu'en fait il était son beau-frère par alliance, mais qu'on l'appelait ainsi. Quelque chose d'impressionnant, en tout cas. Bizarre, mon Dada semblait si accessible, si proche, si simple… En fait, je n'ai vraiment réalisé la situation que lorsque j'ai commencé à me demander qui était cette personne postée près de sa loge, qui l'accompagnait partout. Un homme, le seul du studio avec de vraies balles dans son pistolet, qui tuait le temps en notre compagnie entre deux prises. Il déjeunait à notre cantine, discutait avec les uns et les autres, souvent avec ma mère d'ailleurs. Comme elle, il attendait que nous achevions notre journée de tournage pour raccompagner son protégé chez lui. Roger m'a expliqué qu'il était son « garde du corps », que appartenant à la famille du président de la République il devait bénéficier d'une protection. Il faut mettre beaucoup de guillemets à ce « devait ». Roger était le premier à trouver cette disposition excessive, mais il n'y pouvait rien. Il ne l'avait pas réclamée. Par chance, son ange gardien était on ne peut plus charmant et discret. Une fois le mandat de François Mitterrand terminé, il cessera de venir à Bezons.

Ainsi, mon grand homme fréquentait le président. Il était l'époux depuis 1959 de la belle-sœur de celui-ci. De Christine Gouze-Rénal, la sœur aînée de Danielle Mitterrand. François Mitterrand avait été leur témoin de mariage.

À chaque fois qu'on l'interrogeait sur lui ou qu'il en parlait sur notre plateau de tournage, c'était pour en faire l'éloge. Comme s'il voulait convaincre tout le monde de la grandeur, justement, de François Mitterrand. Ce qui m'a valu, à douze ans, un cours sur la différence entre un « homme grand » et un « grand homme ». On peut ne pas être « haut » en taille mais avoir de hautes qualités… Une des preuves que Mitterrand était un héros, doté d'une intelligence rare ? Il a aboli la peine de mort. CQFD. Est-ce parce qu'il était fasciné par son beau-frère qu'il portait comme lui une écharpe rouge les mois d'hiver ?

En tout cas, le sujet était sensible, très sensible. Il suffisait de dire du mal du fameux beau-frère pour que Roger se mette en colère et monte immédiatement au créneau pour le défendre. Haut et fort. Je me souviens que lorsqu'un jour, un journal, de gauche qui plus est, avait publié un article très critique sur François Mitterrand, Roger n'avait pu s'empêcher de déchirer « ce torchon » et d'ajouter qu'il ne le lirait plus jamais ! Il me disait que son beau-frère était la personne la plus érudite qu'il ait rencontrée. Il comprenait mal qu'on ne soit pas respectueux ou admiratif devant une telle intelligence. Pire, il ne supportait pas qu'on puisse mettre en doute son intégrité. Lorsqu'il a été reproché à François Mitterrand de ne pas avoir reconnu la responsabilité de la France pendant la Shoah, Roger, lui, le soutenait. Tous deux pensaient que, si l'on pouvait incriminer l'État français de cette époque, en aucun cas on ne pouvait stigmatiser les Français. Pour Roger, de toute façon, le plus important était que les Juifs pardonnent aux Allemands. « Que d'autres peuples le fassent, c'est bien, mais que le peuple juif le dise, ce serait extraordinaire. » À ce sujet, il confiait « avoir écrit les quarante plus belles pages de sa vie dans [son] roman, *Gustav*[1] ». Il avait le sentiment d'avoir réussi à coucher sur le papier quelque chose de difficile, de douloureux : sa conviction que, malgré tout, il fallait pardonner. À son ami Georges Kiejman, qui tiquait un peu, Roger avait avancé cet argument : « Tu te rends compte dans quel état tu mets un Allemand, si tu viens vers lui en lui disant : je te pardonne ? » Roger croyait à la force du pardon. Comme son illustre beau-frère, il se méfiait de la repentance.

Roger était fier d'être proche de cet homme d'exception. Fier d'aller chez lui à Latché, même s'il se faisait sermonner par le président parce qu'il ne savait pas reconnaître les arbres du parc. De fréquenter ses amis, de ne jamais avoir manqué l'ascension de la roche de Solutré. Sans jamais cesser de le vouvoyer. Leurs sujets de prédilection : les Juifs, les femmes, la mort. Et la politique. Et cela, bien avant l'élection présidentielle de 1981.

---

1. *Gustav*, Grasset, 2003.

« François, si je peux vous être utile ? »

Peu s'en souviennent, mais Roger s'était présenté aux élections législatives de 1968. Uniquement par affection, voire par amour pour son beau-frère. « Si j'ai toujours participé à de nombreuses campagnes législatives, municipales, expliquait-il, c'est parce qu'il n'est pas possible d'aimer quelqu'un comme j'aime François Mitterrand et de rester les bras croisés, absent de sa lutte sans l'aider d'aucune façon. » Un jour, dans le salon de François Mitterrand, rue Guynemer, il devine que son beau-frère est seul dans la campagne qui s'annonce, que les bonnes volontés sont rares pour monter au front. Spontanément, sans trop réfléchir, il propose : « Si je peux être utile... » Ce n'est pas tombé dans l'oreille d'un sourd : ni une ni deux, on lui souhaite la bienvenue, et le PS lui attribue la circonscription d'Asnières. Face à lui, un adversaire coriace et renommé : Albin Chalandon, ancien ministre et député. Pas rien. D'autant qu'après les semaines chahutées des « événements », la droite, en l'occurrence l'UDR, était quasiment sûre de gagner. Bref, à gauche, on comptait les kamikazes pour aller au casse-pipe... Rien qui ne fasse hésiter Roger. Il se met à compulser les dossiers, devient incollable sur toutes sortes de sujets, du prix du pétrole au coût des crèches, des anciens combattants à l'inflation… Il se fait aider par de jeunes énarques militants. Chaque fois qu'on lui pose des questions pointues durant les réunions électorales, il se tourne vers l'un d'entre eux, histoire de ne pas commettre d'impairs. En revanche, il n'a besoin de personne pour parler de la politique culturelle.

Durant cette campagne, il a vécu la vie du militant de base : tractage et séances d'affichage de nuit. Plutôt des souvenirs de grosse rigolade. Étant donné que la droite ne le craignait pas, et que le néophyte en politique qu'il était devait passer pour un aimable zozo, personne ne l'embêtait durant ces expéditions, ni pendant les meetings. Du moins, au début. Car, le temps passant, l'agressivité se manifestera, la pression montera. Plus désagréable, mais bon signe. Preuve, s'il en est, que le candidat Hanin n'était finalement pas aussi inoffensif que cela. Il récoltera 10 % de voix contre 20 % au canditat communiste et 49 % à Albin Chalandon, qui sera réélu au second tour.

Il faut dire qu'il n'était pas un candidat comme les autres. D'abord parce qu'il était comédien, mais aussi parce qu'il n'avait rien de formaté.

Mai 68, « misérable fumisterie », dixit Roger l'iconoclaste

Mai 68. Pour l'avoir vécu aux premières loges, Roger n'en disait pas forcément ce qu'il était convenu d'en dire. C'est aussi cela que j'ai toujours aimé chez lui. Afin de comprendre les grands moments de l'Histoire, me faire une idée sur des sujets chauds ou mythifiés, comme cette fameuse « révolution de Mai 68 », il m'arrivait de me renseigner puis de poser des questions à Roger. Là, souvent, j'entendais un autre son de cloche. C'était enrichissant pour une lycéenne. Chez moi, on ne parlait jamais de politique, je crois même que mes parents ne votaient pas. Roger, lui, m'y initiait. À sa façon. Avec ses convictions : le bien était à gauche, la culture, l'éducation et le partage en étaient les valeurs principales.

Néanmoins, Roger n'était pas ce qu'on pourrait appeler un idéologue. Hormis sa fascination pour François Mitterrand, et sa tendresse pour la gauche, qui l'empêchait d'être impartial, il n'y avait chez lui aucune malhonnêteté intellectuelle. Parce qu'on ne la lui faisait pas, à lui, le gamin de la rue. Quand il s'est agi de se voir remettre la Légion d'honneur par

François Mitterrand, Roger a refusé. Il estimait ne pas la mériter, contrairement à son père, mutilé de guerre, qui ne l'avait jamais reçue.

Concernant les « événements » de Mai 68, il réfutait toute la littérature simpliste : la France s'ennuyait, les Français ne faisaient que consommer comme des veaux, et hop, soudain, crise existentielle, émeutes spontanées, révoltes qui éclatent, bouleversement radical du modèle social... « Je crois, moi, a-t-il cru bon de préciser de sa plume acérée, qu'il ne reste rien de Mai 68, excepté une seule modification heureuse : la tenue vestimentaire informelle. En dehors de cela, Mai 68 n'a brisé que quelques pare-brises de voitures. » Autant de pavés descellés pour seulement arriver à s'habiller décontracté ? Tout ce bruit pour rien ? On était loin de mon manuel d'Histoire. Pour Roger, c'était une « blague », une « supercherie ». « On chante que Mai 68 a détruit toute une partie de ce qu'on appelle la hiérarchie, on ajoute que, même si on la respecte encore, la hiérarchie en tout cas, on n'y croit plus. C'est une fumisterie misérable que de répandre ce genre d'affirmation. Allez rechercher aujourd'hui les soixante-huitards. Sondez-les pour voir ce qu'ils vous diront de la hiérarchie. Selon le barreau de l'échelle qu'ils ont atteint, vous en entendrez des contradictions... Mai 68, une insurrection ? Décidément, j'aime mieux en rire. » Voilà qui dépote. Il a écrit cela en 1983 et cela n'a pas pris une ride. Je ne résiste pas à l'envie de citer le petit tacle suivant : « Et que dire de l'incohérence, de l'inconséquence, de l'hypocrisie de tant d'hommes de notre profession portant de si grands noms, metteurs en scène, directeurs de Maisons de la Culture, qui hurlaient avec les loups de Mai 68 ?

Qu'ont-ils fait, en réalité ? Qu'ont-ils fait ? » Si, après cela, vous n'êtes pas convaincu que mon Rodgeur savait parler franc plutôt que se fendre en courbettes... Envolée passagère ? Comme ses soufflantes que l'on recevait en pleine face sur le plateau, et qu'il regrettait aussitôt ? Nenni. Conviction fondée, ancrée. Quand, quelques années plus tard, les gens de la culture ont organisé un grand défilé derrière « la Liberté » représentée par un cercueil, Roger n'hésite pas à se gausser. Maurice Druon, ministre des Affaires culturelles dans le gouvernement Pompidou depuis 1973, avait dit : « Les gens qui viennent à la porte de ce ministère avec une sébile dans une main et un cocktail Molotov dans l'autre devront choisir. » Roger lui donnait raison ! Vous imaginez : être d'accord avec l'incarnation de la droite conservatrice ! Il s'était justifié, avec cette argumentation : « Enfin, tout de même, on ne peut pas cracher en même temps à la figure d'un monsieur et, aussitôt après, lui tendre la main pour lui demander un chèque de trois cents millions ou cinq cents millions, ou un milliard pour une subvention. Il faut respecter une certaine logique. » Et de préciser – et là on retrouve le fils de Joseph Lévy, chantre de l'égalité et de la justice – qu'il aurait accepté de participer à cette marche à cette seule condition : « Que tous les grands directeurs des théâtres périphériques, les fameux directeurs de Maison de la Culture, renoncent à leurs privilèges et subventions car, enfin, il y avait bien deux signatures au bas de leurs contrats, le récipiendaire et le ministre. Si tous ces gens-là avaient décidé d'aller à l'enterrement de la "Liberté" puis dans un grand autodafé avaient brûlé tous leurs accords, alors oui, j'aurais dit bravo, allons-y, je veux bien m'engager dans une entreprise pareille et applaudir ce rituel baroque… Or, qu'ont-ils fait après cette parade grotesque du corbillard de la Liberté ? Eh bien, après avoir défilé, ils sont rentrés dans leur théâtre, ils ont fait leurs comptes et ils se sont posé des questions, techniques, professionnelles et comptables. Quel va être notre prochain programme ? Qui est-ce que l'on engage ? Et ils ont continué à vivre et prospérer dans cette société "haïssable". Ils ont fait leur bilan, vérifié leur indice de fréquentation. Je n'ai pas supporté cette hypocrisie. »

Même démythification du Festival de Cannes, cette même année : « On a vu ces "purs et durs" venir tout casser sous les yeux des producteurs sélectionnés, dont ma femme était grâce à *Vingt-quatre heures de la vie d'une femme* de Dominique Delouche. Tout le monde hurlait à Cannes, à qui mieux mieux ! Pas de distinction ! Pas de choix ! Pas de prix ! Et l'année suivante qu'est-ce qu'on a vu arriver ? Les mêmes ! Les mêmes qui hurlaient. Ceux qui tiraient, déchiraient les rideaux de scène, qui empêchaient les projections, eh bien, ils étaient là, et en smoking ! » Autant de « ridicules qui tremblèrent de rater le train ». S'il avait été chroniqueur au temps de la Révolution française, vous vous imaginez tout ce qu'il aurait pu dire de ces coupeurs de têtes devenus dix fois, cent fois plus privilégiés que leurs décapités ?

Pour moi, il est important de rappeler qu'il était cet homme-là. Cet iconoclaste, et pas ce que d'aucuns, qui le connaissent mal ou préfèrent en rester à leurs a priori, supposent. Il pouvait s'emballer, certes. Mais, il pesait ses idées avant de les coucher posément sur le papier. Roger a appris la liberté, et je l'enviais parfois d'avoir le courage de s'exprimer. Il est vrai aussi qu'il était le « beauf » de qui on sait, ce qui lui valait une forme de respect et d'intouchabilité, mais j'appréciais qu'il ne soit pas de ces lâches au sourire mielleux, sournois. Il disait ce qu'il avait vu, et tant pis si les mythes s'en trouvaient écornés. Il préférait raconter les scènes auxquelles il avait assisté sans se censurer, notamment en ce Mai fameux : « Scènes démentielles et dégradantes, précisait-il. Délire sans intérêt… Je me souviens de jeunes gens qui venaient faire des sit-in chez François Mitterrand, le tutoyant, bêtement, sans doute "pour faire délicieusement populaire"… Ils s'asseyaient, sans un mot, faisant régner un silence impénétrable, car c'était le "grand genre" en Mai 68, le "mutisme". Ils étaient là, un soir, assis dans la salle de séjour, ayant daigné succinctement s'exprimer :

— Nous allons seulement écouter. Nous sommes en train de prendre conscience de notre réflexion collective.

Kafka était enterré, balayé, normalisé. Une folie médiocre, amalgame de prétentions définitives et de sottise triomphante. C'était la revanche des grisâtres et des ratés. »

Et paf !

Ceci explique peut-être cela : le candidat « bidon », si haut en couleur, si sympathique, si franc du collier aussi, a séduit les électeurs à Asnières, plus que ses adversaires l'auraient pensé. Alors que tous les candidats de droite, dans le grand élan gaulliste de l'époque, ont été élus dès le premier tour, Albin Chalandon fut le seul ministre mis en ballottage. Il ne faut jamais sous-estimer Obélix quand il a le cerveau astucieux d'un Astérix, et le même goût de la justice et de la résistance.

Foi en Mitterrand

Après cette campagne de 1968, Roger n'a plus fait de politique active. Il a longtemps été membre du Parti socialiste, a participé aux grandes messes politiques à l'occasion des élections municipales ou des législatives, mais n'a plus jamais voulu briguer de mandats. Il a continué à vouer un soutien indéfectible à François Mitterrand, allant jusqu'à écrire en 2001 *Lettre à un ami mystérieux* (Grasset) : « Le roman d'une amitié ébahie entre un début de voyou juif de la Basse Casbah et un enfant mystérieux de Saintonge », précisait-il, ajoutant : « Ce qu'il y a de magnifique avec François Mitterrand c'est qu'il entend la note et sa résonance. Il est à la fois lui et l'autre. Mais il supporte assez rarement que l'on soit l'autre et lui. Il faut savoir jusqu'où aller trop loin dans le choc de l'ambivalence. » Personnage complexe, et d'autant plus fascinant.

Roger, qui n'avait appris la maladie du président que quatre ou cinq ans avant sa mort, me parlait, bouleversé, du courage inouï dont son beau-frère avait fait preuve. Il était aussi très proche de Jean-Pierre Tarot, le médecin qui accompagna les dernières années du président. Le dévouement et la bienveillance de cet homme l'avaient réconcilié avec la gent médicale. Roger appréciait peu les médecins, sans doute parce qu'il redoutait la maladie plus que tout.

Je n'ai, hélas, jamais rencontré François Mitterrand. Un jour, j'ai cru l'apercevoir. Je devais avoir quatorze ou quinze ans, c'était à Pau, au Festival créé par Roger. Dans le hall de l'hôtel, il me présente un homme. Je suis persuadée qu'il s'agit du président. Mauvaise pioche, c'était son frère aîné, Robert, qui lui ressemblait tant.

Plus tard, après la mort de François Mitterrand, Roger s'est désolidarisé du Parti socialiste. Quand on lui demandait pourquoi il avait « changé de camp », il répondait qu'il n'avait pas changé, que c'était le PS qui avait changé. Il n'avait pas apprécié, notamment, qu'on touche à la mémoire de son grand homme. Quand Lionel Jospin a dit qu'il aurait « aimé que François Mitterrand ait un passé plus net », qu'il convenait de « faire un inventaire et de tourner la page », Roger l'a aussitôt qualifié d'être « vraiment méprisable », allant jusqu'à refuser de lui serrer la main s'il venait à le croiser. À l'inverse, il estimait Jacques Chirac, qui avait eu des mots respectueux à l'égard de François Mitterrand au moment de sa disparition. À l'exception de Jack Lang, son fidèle ami connu bien avant l'arrivée au pouvoir de François Mitterrand, le Parti socialiste le décevait beaucoup. Du coup, il s'était rapproché de Robert Hue. Le communisme, son premier amour. Le vrai, l'idéaliste, pas le stalinien. Ce fils d'ouvriers communistes, jovial et sympathique, avait tout pour plaire à Roger. Les voir si complices à chacune de leurs rencontres laissait penser qu'ils se connaissaient depuis toujours. Robert Hue était même passé déjeuner à notre cantine de Bezons. En mai 2007, plus de Robert Hue en campagne. Malgré sa bonhomie, l'homme n'avait pas mobilisé les électeurs. Roger annonce qu'il votera au second tour pour… Nicolas Sarkozy ! Estomaquée, je lui ai demandé en riant comment il était devenu « sarkommuniste » ? À ses yeux, ce *« fils d'immigré hongrois – que l'on n'oublie pas cela ! »* – incarnait le rêve de l'égalité des chances. En un déjeuner, l'homme l'avait conquis. L'année suivante, alors que les Éditions du Chêne retraçaient en images sa vie et sa carrière, beaucoup se sont étonnés que la préface de l'ouvrage *Quelle vie !* soit signée du tout nouveau président de la République. Il assumait, rappelant qu'il avait été le premier personnage public à afficher son soutien à Nicolas Sarkozy, confirmait que ce choix était à ses yeux une évidence vu comment l'homme s'en sortait en période de crise… De quoi faire grincer quelques dents.

Un de ceux qui n'ont jamais trouvé grâce aux yeux de Roger, c'est Jean-Marie Le Pen. En 1990, il a qualifié le leader du Front national de « véritable nazi ». Celui-ci l'a aussitôt attaqué pour diffamation. Roger n'a aucunement regretté ses propos. « Quand M. Le Pen dit qu'il y a trop de journalistes juifs dans l'audiovisuel, ça veut dire qu'il faudrait qu'il y en avait moins. Combien ? Alors je ne regrette pas d'avoir dit que M. Le Pen est un véritable nazi. Quand on demande à M. Stoléru s'il a la double nationalité, quand on invite au congrès du FN Franz Schönhuber, quand on fait le jeu de mots "Durafour crématoire", voilà des preuves, à part ma conviction personnelle, que M. Le Pen n'est bel et bien pas un faux nazi. » La justice l'a finalement relaxé, même si elle a estimé qu'il était coupable d'injure. Par la suite, j'entendrai souvent mon Rodgeur traiter le châtelain de Montretout de « malade » et de « fou », puis préférer faire l'impasse sur le sujet pour concentrer son intérêt sur des hommes politiques « d'une autre envergure ».

Mistoufle ou l'art de faire rire le président

François Mitterrand a longtemps été son meilleur public. Il adorait le faire rire. Le président ne se lassait jamais d'entendre Roger y aller de son accent juif ou pied-noir. L'une des blagues qu'il préférait était justement l'un des « tubes » de Roger : Mistoufle. Ma préférée aussi. Impossible de parler de mon Rodgeur sans évoquer Mistoufle ! L'un et l'autre sont liés. Lui seul savait la raconter. Du reste, je ne l'ai jamais entendue dans la bouche de quelqu'un d'autre. Je vous la livre. (À imaginer avec l'accent, bien sûr.) Attention : il s'agit là d'une des nombreuses versions possibles, inutile de préciser qu'aucune n'était gravée dans le marbre, qu'il en remettait une couche à volonté, selon l'auditoire, la réaction des gens, bref, qu'elle pouvait durer deux fois plus longtemps.

C'est l'histoire d'un pied-noir (ou d'un Arabe selon l'humeur) qui rentre au pays et qui demande à son père des nouvelles de la famille :

— *Et tonton, comment va-t-il ?*

— *Ça va bien…*

— *Tant mieux ! Et le cousin ?*

— Ça va aussi, en pleine forme…

(Selon le temps qui lui était imparti, il en rajoutait quelques-un(e)s.)

— Et Mistoufle, mon chat adoré, comment va-t-il ?

— Oh, Mistoufle est mort…

— Quoi !!?? Mistoufle ! Oh non, mais c'est terrible ! Tu me dis ça comme ça ! Tu te rends compte, c'est horriiiiible ! C'est brutal ! Quelle horreur, tu ne pouvais pas me préparer un peu et me dire : Mistoufle, il a pris un peu de poids… Et puis, tu sais, comme il aime se balader… l'autre jour, il a grimpé sur le toit, il gambadait, il gambadait, il avait l'air si heureux… Et puis soudain il a perdu l'équilibre et… il est tombé… Alors, le pauvre Mistoufle, vois-tu, il n'est plus… Bon, et mamie, comment va-t-elle ?

— Mamie ? Mamie… elle a pris un peu de poids… et puis tu sais comme elle aimait gambader…

Avec les mimiques et l'accent, c'était à pleurer de rire, et même après l'avoir entendue une trentaine de fois.

L'autre blague favorite de Roger, et de son président, c'était le célèbre sketch de Fernand Raynaud : « La chemise lilas ». En substance :

C'est un homme qui entre chez un marchand de chemises.

— Bonjour, monsieur le marchand de chemises ! Je voudrais une chemise lilas.

Le marchand :

— Oui, monsieur ! Je vous donne ça tout de suite. Voilà, monsieur, couleur printanière, qui sera très, très chic avec une cravate sombre, des boutons de manchette

imitation platine, ce sera très chic, monsieur! C'est tout à fait pour vous cette chemise!

Le client:

— Oui, mais c'est la couleur. Je voudrais lilas!

Le marchand:

— Ah, d'accord, d'accord, monsieur! Alors, là, nous avons également celle-ci, couleur violette, le lilas d'automne qui pâlit, qui devient sombre... Là, vous avez vraiment le beau lilas! N'est-ce pas? Tout à fait le lilas qu'il vous faut!

— En effet, mais... c'est la couleur qui ne va pas... Je voudrais lilas!

Le marchand:

— Oui! Très bien... Ah, ce coup-ci, je crois bien que j'ai trouvé. Y a le haut qui va être violet ET le pan de la chemise dans la couleur lilas. Regardez!

Le client:

— Je ne veux pas vous voir vous énerver mais moi je voudrais... Je voudrais couleur lilas!

Le marchand:

— Bon, là, vous avez dix-sept chemises, monsieur. Vous avez toutes les couleurs, du rose bonbon, du mauve, du violet ou... du vrai lilas! Feuille verte! Le lilas, c'est vert! Les feuilles sont vertes! Les fleurs sont violettes!

Le client:

— Ben, euh, euh, pourquoi vous vous énervez? Tout ça parce que je demande une chemise couleur lilas! Mais je voudrais celle qui est dans la vitrine!

Le marchand:

— Celle-ci? Là?

Le client:

— Oui!

Le marchand

— *Mais… elle est blanche!*
Le client:
— *Et alors! Vous n'avez jamais vu du lilas blanc!*

Dada Noël

On pourrait arguer qu'il n'était pas pauvre, et en effet il ne l'était plus. Mais est-ce le fait de vivre dans l'aisance qui pousse à être généreux ? À ne jamais se plaindre de payer autant d'impôts ? À trouver cela normal puisqu'il avait la chance de gagner beaucoup d'argent ? Je ne le crois pas. Roger aurait pu faire comme tant d'autres, thésauriser, donner parcimonieusement, manquer d'attention, se préoccuper de lui seul. Il n'a cessé de me prouver l'inverse. Pas seulement parce qu'il s'est transformé pour moi en Père Noël. Sa générosité prendra bien d'autres formes que ses cadeaux : Roger l'attentionné savait toucher l'autre de bien des façons. Il avait l'art et la manière d'offrir. Et comme je n'avais rien de la petite fille gâtée par papa, il n'a jamais cessé de me combler de cadeaux.

J'ai parlé de la poupée qu'il m'avait offerte au tout début du tournage de la première saison de *Navarro*. Une poupée en tissu, de couleurs pastel, avec une collerette jaune autour de son visage rond et souriant. Ce n'était pas mon anniversaire, je le connaissais à peine, et pourtant il m'avait demandé : « Dis-moi ce qui te plaît dans ce magasin ? » La caméra tournait à l'extérieur et attendait que nous sortions de la boutique. Timidement, j'avais tendu le doigt vers cette poupée. Quand le gros nounours qu'était Roger me l'a mise dans les bras, j'ai sauté de joie. Elle ne m'a plus quittée. Elle trône toujours en bonne place dans la chambre de ma fille.

Autre cadeau marquant : Iris. Roger m'avait vue craquer pour la chienne d'une de ses amies, une adorable westie. « Ça te plairait, toi aussi, d'en avoir une ? » Et comment ! Comme je vivais encore chez mes parents, il les a d'abord consultés pour avoir leur accord, mais je savais que c'était gagné : ils n'oseraient jamais lui refuser quoi que ce soit, ni l'empêcher de me faire plaisir. Donc, le jour de mes quatorze ans – jour qui correspondait à ses trente-trois ans de mariage avec Christine, puisqu'ils s'étaient dit oui le 4 août 1959 –, je suis allée chercher ma petite Iris chez l'éleveur près de Paris où Roger l'avait réservée et payée. Il avait choisi une femelle bien sûr, et la plus belle. C'était d'autant plus gentil de sa part qu'il n'était pas un amateur de chiens. Iris était superbe, une minuscule peluche de trois mois, qui aimait dormir contre ma fameuse poupée. Elle venait souvent sur le plateau, Roger n'y prêtait qu'une vague attention. Seul mon plaisir comptait.

Ah, et puis il y avait le pull-over rouge ! Enfin, un pull-over rouge à moi. Rien à voir avec l'affaire Christian Ranucci. Je devais avoir quinze ans. J'avais rendez-vous près des Champs-Élysées pour une photo qui devait faire la couverture d'un magazine. Roger n'aimait pas beaucoup les séances photos et les interviews. Ce jour-là, j'ai deviné qu'il cherchait à repousser la prise de vue au maximum. Or, je portais une tenue pas vraiment à son goût : jean un peu trop large, du genre qui camoufle l'ado bien dans sa peau, et pull tout aussi élégant, d'une couleur passe-muraille… Au lieu de m'en faire le reproche, il m'a glissé un gros billet dans la main pour que je file m'acheter un pull. Avec cette recommandation : « Prends-en un en cachemire ! Choisis le plus cher. Et rouge. Tu sais que j'adore le rouge. » Oui, j'avais vu l'écharpe à la Mitterrand. Mais le cachemire, je ne savais pas trop ce que c'était. La seule chose que j'ai comprise, c'est qu'il ne fallait pas lésiner sur la qualité, et que ce soit rouge. Me voilà donc seule aux Champs-Élysées à faire du shopping pendant que tout le monde m'attend pour reprendre la séance photo. Je crois que je suis entrée chez Lacoste, car il en portait souvent des chemises de cette marque, et que j'y ai trouvé un pull. Rouge. Parfait. Je suis revenue au pas de course au studio. La séance a duré à peine quinze minutes. Avec sa patience légendaire, Roger a jugé que ça allait très bien comme ça, qu'il y avait sûrement les photos qu'il fallait après quelques clic-clac. Fin de la pose. Le comble dans cette histoire, c'est qu'ensuite ils ont retouché la couleur de mon pull sur la couverture : le rouge « pétait » trop, il est devenu vert !

Je lui faisais des cadeaux moi aussi, bien sûr. Ce n'était pas facile, mais je m'arrangeais pour enrichir sa collection de Lacoste, de chemises, de cravates… sachant que le plus important serait le petit mot que je glisserais à l'intérieur.

Une poupée à dix ans, un chien à quatorze… En fait, à chaque âge, Roger avait le don de trouver le cadeau qui me ferait plaisir. Quand j'ai eu dix-huit ans et mon permis en poche, il a proposé de m'offrir une… voiture. Comme pour Iris, ou quand il s'agissait d'un cadeau important, Roger avait pris soin de consulter mes parents. Il ne voulait pas les mettre dans l'embarras. Il savait qu'ils n'auraient jamais pu me gâter autant. Cela dit, il ne me serait jamais venu à l'idée de leur en faire le reproche. Comme je ne me serais pas permis de réclamer le moindre cadeau à Roger.

Donc, mon père, qui en connaissait un rayon en automobiles, s'est chargé de trouver le véhicule, en fonction du budget indiqué par Roger. Je suis devenue l'heureuse propriétaire d'une Peugeot 206 grise.

À peine deux jours plus tard, je pars seule au volant de ma voiture pour me rendre sur le tournage. Tout se passe bien jusqu'à ce que je me fasse arrêter à deux pas de l'Arc de triomphe : je n'avais pas bouclé ma ceinture de sécurité ! Aïe ! Premier déplacement, première arrestation. Et bientôt, première amende, je le sens. Je n'en mène pas large, calcule le nombre de points de permis que je vais perdre. Heureusement, c'est mon jour de chance : le policier est un spectateur assidu de *Navarro*. Après quelques remontrances, il me laisse repartir sans la moindre amende, mais avec ce clin d'œil : « Circulez, mademoiselle, je ne dirai rien à votre père, mais à l'avenir, pensez à attacher votre ceinture. » Je l'ai écouté, et j'ai bien fait : quelques mois plus tard, elle me sauvera la vie. Une faute d'inattention, et je me suis retrouvée à enchaîner trois tonneaux… Plus de peur que de mal. Mais une raison supplémentaire pour maman de continuer à m'accompagner sur les tournages. L'année suivante, je m'installerai à Paris. Désormais majeure, je pouvais toucher l'argent que j'avais gagné depuis l'âge de dix ans – une somme bloquée jusque-là à la Caisse de dépôts et consignations – et réaliser mon rêve : poser mes affaires dans la capitale.

Le rôle-titre et la merdeuse

Sur le tournage de *Navarro*, nous avions des surnoms. C'était le réalisateur, Patrick Jamain, qui nous les donnait. Pas vraiment dans le genre délicat, il aimait que ça grince, que ça percute, que ça réveille. L'équipe des habilleuses, des coiffeuses, des maquilleuses, c'était « les pétasses ». Moi, j'avais droit à « la merdeuse ». Franchement, au début, ça choque. Même Roger avait écarquillé les yeux quand il m'a entendue appelée comme ça la première fois. Puis on s'y est tous faits, d'autant qu'avec Jamain c'était aboyé devant et non derrière les personnes concernées. C'était sa manière d'être affectueux. Il aurait cessé de m'appeler ainsi, j'en aurais été vexée ! Dès que j'entendais : « On attend la merdeuse ! », je me redressais et j'accourais, ravie. J'ai fini par lui parler ainsi : « La merdeuse te demande de lui expliquer cette phrase, cette scène... » Syndrome de Stockholm ? Le fait est que j'avais parfaitement intégré mon surnom ; quand on a la chance de tourner avec des gens qui vous aiment vraiment, qu'importe la forme... Roger, lui, avait un surnom plus noble : « le rôle-titre ». Oui, un peu de respect quand même. Le matin, lorsque lui et moi déboulions devant les caméras, fraîchement habillés et maquillés, on entendait systématiquement Patrick Jamain gueuler : « Le rôle-titre et la merdeuse sont là, c'est parti, putain, allez les gars, on y va. Moteur ! » Phrase qui reste douce à mes oreilles. Bien sûr, ça ne manquait pas de surprendre les gens de passage. À force de nous voir ne pas moufter en nous faisant hurler dessus « merdeuse ! », « pouffiasses ! », « pétasses ! », ils devaient nous trouver sacrément siphonnés. Notre ingénieur du son, Yves, avait même conçu, à partir de ces « douces » phrases, une sorte de verbatim audio qu'il a fait écouter à toute l'équipe lors d'un pot de fin de tournage. Grand moment de rigolade.

Avec l'expérience que j'ai acquise aujourd'hui, je peux comparer. Je me rends compte que j'ai eu beaucoup de chance de vivre des conditions de tournage pareilles. L'atmosphère était joyeuse, décontractée. Et la bienveillance, générale. Il faut dire que Roger donnait de sa personne ! Un jour, pour une scène, je devais éclater de rire, et ce n'est pas si facile de le faire d'une façon naturelle devant une caméra. Alors, hors champ, il n'a rien trouvé de mieux que de baisser son pantalon et de s'exhiber en caleçon ! Comme je ne m'y attendais pas, je peux vous dire que j'ai ri de bon cœur !

Une autre fois, je ne devais pas être bien grande, je devais manger un croissant au ketchup tout en affichant une mine réjouie, sauf que ça me dégoûtait. Ni une ni deux, Roger s'est saisi d'un des croissants, l'a enrobé de ketchup et s'est empiffré devant moi. Voilà : c'était mangeable. Du moins pas si infâme que ça, puisqu'il venait d'en avaler un. Je ne pouvais décemment pas ne pas l'imiter.

Puis, à mesure que je gagnais en âge et en métier, Patrick Jamain, notre fort en gueule, était convenu avec Roger qu'à la moindre erreur de ma part, obligeant tout le monde à reprendre, j'aurais droit à une punition. Pas un petit gage : payer une bouteille de champagne. Et pas n'importe lequel : du Cristal Roederer, s'il vous plaît. Je peux vous dire que c'est très efficace pour s'améliorer. Plus question de sombrer dans le « chafouinage », comprenez le bafouillage de texte. Cela ne m'est arrivé qu'une seule fois par la suite !

« Chafouin », c'était le mot de prédilection de Roger. Par exemple : « Tiens, donne-moi le chafouin » signifiait « Donne-moi le peigne », ou « Tu as vu le chafouin ? », qu'il cherchait son scénario. Au bout de quelque temps, plus besoin de traduction, je comprenais immédiatement.

À propos de bizarreries d'éloquence qui peuvent faire sourire, on m'avait choisi une baby-sitter pour la première saison. Plus exactement, on avait prévu que Yolande, mon personnage, aurait une baby-sitter. Et c'est Isabelle Mergault qui a été retenue pour incarner cette « Miss Lulu ». Quel tempérament ! Je me souviens comme si c'était hier des fous rires qu'elle provoquait avec son défaut de prononciation, ce zozotement qui l'a rendait irrésistible. Plusieurs fois le réalisateur a dû hurler « COUPEZ ! », tant l'équipe pouffait de rire. « On entend les pétasses rigoler, on reprend ! » Elle est vite devenue le clown du plateau. La saison suivante, on a estimé que j'étais trop grande pour avoir besoin d'une baby-sitter. C'était dommage, mais Isabelle Mergault avait sans doute d'autres ambitions aussi. La suite l'a prouvé.

Mon frère Maxime a 7 ans, j'en ai 9.
Il a toutes ses dents et vient d'être accepté au sein de l'agence Lucky Mômes.
Je suis recalée en attendant que mes dents de devant repoussent. (d.r)

Mai 1991, nous tournons en Suisse le dernier épisode de la première série.
Je manque l'école et révise mon texte pour la séquence suivante. (d.r)

Première couverture de magazine avec Roger. Un an après le début de la série, le succès et notre complicité sont au rendez-vous. (ph. Bruno Schneider)

Un des premiers « Navarro j'écoute », phrase culte de la série. En revanche, le cuir de Roger et mon nœud dans les cheveux disparaîtront peu à peu.
(ph. Rutman/TF1/Sipa)

J'ai passé la majeure partie de la première saison en pyjama et au lit à lire *Le Journal de Mickey* en attendant le retour de mon papa-poule(t).
(ph. Saradjian/TF1/Sipa)

La Leçon de Ionesco. Roger est le professeur, je suis l'élève censée avoir un doctorat. Ce sont mes premiers pas sur scène, je n'ai que 12 ans. Le virus du théâtre s'est propagé en moi. (d.r)

Entre Pierre Grimblat (producteur de la série) et Roger, que j'aime déjà comme mon père, je n'en rate pas une miette. Lors de ces innombrables pots de fin de tournage, je suis la seule enfant mais ces fêtes restent mes préférées. (ph. Saradjian/TF1/Sipa)

Je n'ai plus 10 ans et pourtant Roger me prend toujours dans ses bras. Il est le seul désormais et nous nous demandons tous jusqu'à quand il va pouvoir le faire. (ph. James/TF1/Sipa)

Pas de secrets entre nous ! À Roger, je peux dire ce que je ne dirai jamais à mes parents. Lui me parlait comme à une adulte, sans tenir compte de notre différence d'âge. (ph. Loew/TF1/Sipa)

En 1997, Roger monte *Tartuffe*. Il me demande d'être Marianne et fait passer un casting pour trouver Valère. Il choisit un certain Antoine Jacoutot... qui deviendra mon mari et le père de mes enfants. Merci Roger ! (ph. d.r)

Dans un épisode où je défendais des sans-papiers, je suis arrêtée et mise dans la « cage à poules » du commissariat.
Étrange sensation …
(ph. TF1-Scarella/Sipa)

Le divan du décor de notre appartement était notre « confessionnal ». C'est là qu'entre deux scènes nous tenions de grandes discussions.
(ph. TF1-Pimentel/Sipa)

Tous les épisodes de Navarro se terminaient par un moment tendre entre père et fille.
Une fois dans les bras l'un de l'autre, au terme de notre improvisation, nous entonnions le générique. C'était le signal pour le clap de fin.
(ph. TF1-Loew/Sipa)

Quelques-uns de mes trésors. De tous les cadeaux de Roger ces petits mots sont les plus précieux.

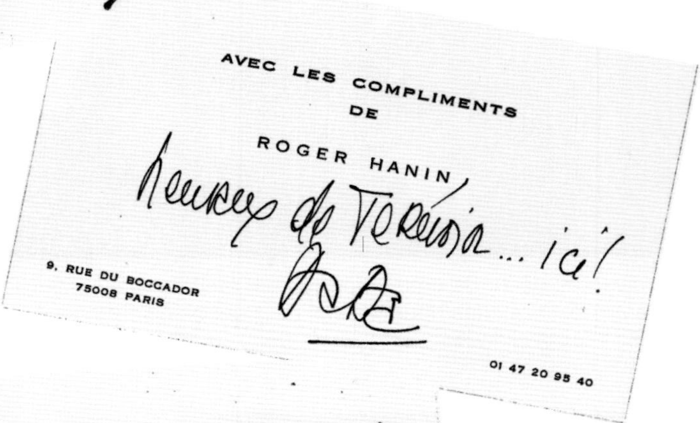

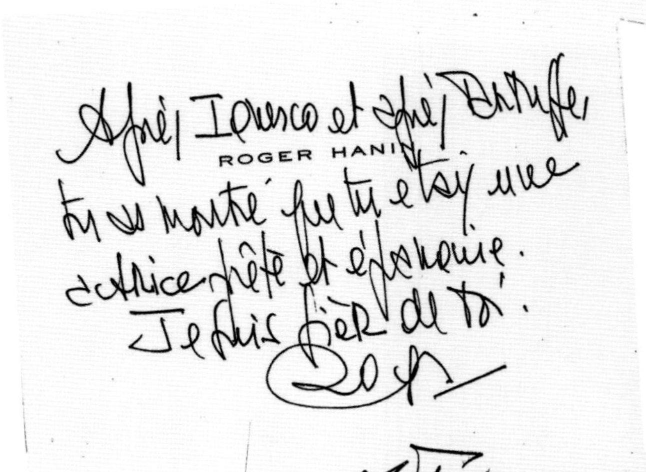

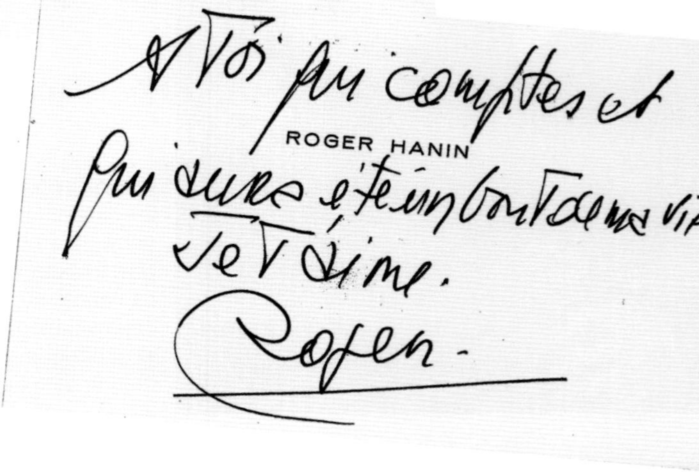

« Navarro, j'écoute ?! »

Personnages très importants de la série : les adjoints de Roger, ses « mulets ». À la lecture du *Bûcher des vanités* de Tom Wolfe, Tito Topin avait découvert que les flics irlandais de New York étaient appelés « mulets » par leurs collègues. Le terme lui a plu, il l'a attribué aux assistants de Navarro. Le « commissariat » sera « l'usine », les flics, des « mulets », ils seront quatre. Au début, la production avait choisi Christian Rauth pour interpréter Auquelin, le dragueur, le macho, limite raciste – la face sombre de Navarro – mais avec un cœur gros comme ça, et Daniel Rialet pour Blomet, le fragile que sa mère appelle toujours au mauvais moment, le côté féminin qui fait défaut à Navarro. Ces deux-là, devant et hors caméra, ne se sont plus quittés ensuite. Ils ont même tourné deux autres séries ensemble, *Les Monos* et *Père et maire*. Christian et Daniel étaient comme deux doigts de la main au point de rendre Roger jaloux. Le décès de Daniel, d'une crise cardiaque, le 11 avril 2006, à l'âge de quarante-six ans, a ébranlé Christian. J'avais trouvé un père en Roger, lui avait sûrement perdu son frère, son jumeau. Nous étions allés, Roger et moi, à son enterrement, entourer Christian bien sûr, mais aussi son épouse, la comédienne Carole Richert, mère de deux enfants de Daniel, Pauline, dix ans alors, et Vincent, six ans. Tristesse. Consternation.

Navarro, c'était une famille. Comme toutes les familles, elle a connu des enterrements, des mariages, des divorces, des naissances, des départs en retraite. On aurait presque pu faire un journal avec nos événements personnels. On se quittait parfois des mois, et nos vies reprenaient leur cours. De retour à Bezons, on se racontait, s'étonnait, vibrait, pleurait parfois aux drames des uns, aux joies des autres. Impatients de réentendre la phrase culte: « Navarro, j'écoute?! » Celle du commissaire, mais aussi celle de Roger dans la vie qui terminait toutes ses interrogations ainsi. Ça donnait: « Et les cours, les petits copains, raconte-moi... Navarro, j'écoute?! » Même les gens dans la rue lui ressortaient la phrase! Ça l'amusait toujours. Il aimait cette popularité, appréciait que l'Audimat n'ait jamais failli. Dès la première diffusion, le 26 octobre 1989 à 20 h 40, avec « Folies de flic », ce fut un tel carton d'audience que dès le lendemain une nouvelle saison était commandée par la chaîne. Chaque vendredi qui suivait le jour de diffusion – le jeudi donc –, Roger, fier, annonçait à toute l'équipe que nous battions des records d'audience. Il nous livrait les chiffres qui atteignaient souvent les dix millions de téléspectateurs et frôlaient les 50 % de parts de marché. Pour Pierre Grimblat, il était hors de question qu'on devienne pour autant moins exigeant. « N'oublie pas, disait-il à son scénariste Tito Topin, en montrant un poste de télévision, que dans cette boîte il y a dix millions de téléspectateurs qui exigent maintenant le meilleur de *Navarro*. On leur a donné du foie gras, ils ne voudront plus du pâté de hareng. » Quand on pense qu'au moment où s'écrivait *Navarro* personne ne pensait possible qu'une série française soit capable de détrôner les feuilletions américains…

Il faut dire qu'à titre personnel, Roger veillait au grain. Lui, l'homme qui disait n'avoir « toujours fonctionné qu'à la séduction », soignait son image, ce qui pourrait paraître narcissique si l'on oubliait que le commissaire avait depuis longtemps dépassé l'âge de la retraite légale des policiers ! Il faisait avec ses atouts. Sa prestance et ses beaux yeux verts. Avec la complicité du chef opérateur, il usait d'un « rectangle regard Navarro », une sorte de cache qu'on plaçait devant le projecteur qui permettait de faire encore plus ressortir ses yeux. Au maquillage, comme à la coiffure, il ne pouvait s'empêcher de s'exclamer, comme pour s'en convaincre : « Comment peut-on être aussi beau ! », satisfait de son teint hâlé et de ses cheveux brossés à contresens.

Il avait évidemment une grande influence sur le plateau. Lors des premiers tournages, les figurants ne déjeunaient pas à la cantine. Ils devaient se contenter d'un sandwich qu'ils avalaient en général debout. Roger était allé trouver la production pour leur signaler ce qu'il estimait être une injustice. Le lendemain, les figurants étaient attablés avec nous tous, remerciant notre Robin des Bois.

À chaque fin de tournage, nous nous retrouvions inévitablement au Bistro de Ginou pour le dernier repas, la dernière fête. Méchoui et bonne humeur au programme. Petite, bien sûr, je ne me montrais qu'au début, puis maman me ramenait : il y avait école le lendemain. Mais plus j'ai grandi, plus j'ai prolongé les agapes, restant jusqu'au bout de la nuit. Des idylles s'ébauchaient, des rencontres d'un soir aussi. Il y avait une sorte de parcours fléché pour les tourtereaux d'une heure ou d'un mois, avec « visite privée des studios ». Qui se terminait la plupart du temps dans ma chambre, enfin je veux dire dans celle de Yolande, seul décor disposant d'un lit. Il y avait quelques habitués dont je tairai les noms.

Un soir que nous nous apprêtions à repartir, j'entends maman qui soudain se retourne vers moi alors qu'elle approchait de sa voiture : « Oh, j'ai oublié de dire au revoir à Dodo, retournons au pot cinq minutes. » Et moi, innocente, de suivre maman au Bistro de Ginou. Elle m'expliquera, quand je serai en âge de comprendre, qu'elle avait aperçu deux personnes de l'équipe en train de s'adonner à des galipettes sur le capot. Cela m'avait valu une nouvelle tournée de petits fours et de veiller un peu plus tard, le temps que maman s'assure que le terrain cette fois était totalement dégagé…

En 1990, pour l'anniversaire de Roger, toute l'équipe – acteurs, machinistes, directeur de production, électro, accessoiristes… – s'était déplacée au Trocadéro dans le plus grand secret. La date n'avait pas été simple à trouver pour que tous soient disponibles. Finalement, un samedi, nous avons réussi à poser ensemble pour une grande photo de famille. C'est Christian Rauth qui avait eu cette belle idée. Roger en a eu les larmes aux yeux quand on la lui a offerte. Ne vous méprenez pas : je ne veux pas vous la jouer « Ah le cinéma – en l'occurrence la télévision – quelle grande famille, comme on s'aime », et patati patata. Mais voilà : c'était vrai.

Sacrés mulets

En accord avec Pierre Grimblat, le producteur, Roger avait eu un droit de veto quant au choix de ses « mulets ». Il avait suggéré Jacques Martial pour le rôle de Bain-Marie, l'Antillais, père de six enfants, et accepté Sam Karmann comme bras droit dans la série. Il les avait connus lors de précédents tournages. Jacques, sur le tournage du *Gorille*, Sam sur ceux du *Grand Pardon*, de *Train d'enfer* et de *La Rumba*. Sam sera son mulet de 1989 à 1995, jusqu'à ce qu'il passe à la réalisation. Il avait commencé par un court-métrage de huit minutes, *Omnibus*, une petite merveille. L'histoire d'un employé lambda, joué par Daniel Rialet – eh oui, nos mulets sont réunis devant la caméra de Sam ! –, qui prend comme chaque matin son omnibus pour se rendre à son travail. Le contrôleur, Jacques Martial (!), lui demande son billet. Problème, il n'a pas le bon billet parce qu'il n'est pas dans le bon train. « Mais c'est celui que je prends tous les matins ! s'exclame Rialet. — Monsieur, rétorque l'autre, le parcours a changé, nous sommes le 2 du mois, c'est ainsi, fallait regarder les fiches à la gare. Et, dixit sa voisine revêche, c'était marqué sur les panneaux, vous n'aviez qu'à faire attention, monsieur. » Jacques Martial dresse une amende à Rialet. Pour ce dernier, c'est la catastrophe. Non du fait de l'amende, que d'ailleurs il s'apprête à payer, mais à cause de ses conséquences. Il prend le contrôleur à part et s'épanche. Les larmes coulent. Le train s'arrête trop loin, il va devoir prendre un bus pour retourner dans la ville où il travaille. Il va sûrement arriver très en retard à son boulot, or il se trouve que son employeur le déteste, n'attend qu'une erreur de sa part pour le virer. S'il est licencié, son épouse, qui déjà le prend pour un raté, va le quitter, c'est sûr. Et il ne verra plus ses enfants, la DDASS va s'en mêler, bref, l'horreur. Tous les voyageurs du wagon sont à l'écoute. L'empathie gagne. Le contrôleur, embarrassé, lui dit qu'il n'a pas le pouvoir de faire arrêter le train dans la gare si cet arrêt n'est pas prévu, mais qu'il peut en parler au conducteur, on ne sait jamais. Il lui ouvre la porte de la cabine. On découvre un type de dos, un peu rock'n'roll, qui chantonne, décontracté, Christian Rauth (!). L'employé lui expose son problème. L'autre lui rétorque qu'il ne peut pas arrêter un train dans une gare où il n'est pas prévu qu'il s'arrête ! L'employé lui fait remarquer qu'évidemment, quand on a la sécurité de l'emploi, on ne peut rien comprendre à la détresse des autres… Le conducteur finit par se laisser attendrir : « Je ne peux pas l'arrêter, mais je peux le ralentir », et voilà que le train passe à 50, 40, 30 km/h… Chacun retient son souffle. La gare de la ville, où veut descendre Rialet, approche. 20 km/h. Il ne doit pas sauter avant 10 km/h, la vitesse d'un vélo, sinon c'est trop dangereux. 10 km/h ! Hop ! Il se lance, se réceptionne en plein élan en début de quai, tente de calmer sa course, salue le conducteur tout en courant encore. Les passagers du premier wagon l'applaudissent alors que l'omnibus reprend sa vitesse. Il a réussi, il va être à l'heure à son travail. Son employeur ne le ridiculisera pas. Sa femme ne l'engueulera pas. Alors qu'il est encore entraîné dans son élan, deux grosses mains l'empoignent soudain par les épaules et le hissent dans le dernier wagon du train. Un balèze avec un grand sourire lui lance : « Un peu plus, et vous alliez le rater ! » Patatras, l'omnibus en pleine accélération s'éloigne. Avec l'employé lambda, futur licencié, futur largué, vers une ville où il n'a nul besoin de descendre. Le cauchemar.

Le voyageur « prévenant » et balèze était interprété par le réalisateur de *Navarro*, Patrick Jamain ! Et parmi les figurants, on retrouve Dodo, notre maquilleuse, Linda notre habilleuse, Philippe, un assistant…

Ce bijou a obtenu la Palme d'or du court métrage à Cannes en 1992, le Bafta du Meilleur court-métrage de fiction en 1993, et l'Oscar du meilleur court-métrage de fiction 1993. De quoi donner envie à Sam Karmann de poursuivre en si bonne voie… Il signera ensuite un long-métrage, *Kennedy et moi*, avec Jean-Pierre Bacri, Nicole Garcia et Patrick Chesnais. D'autres suivront.

Pour Roger, qui a le sens de la famille dans son acception la plus large, voir Sam Karmann se dégager de son emprise sans lui témoigner de reconnaissance fut un affront. Il l'avait adoubé dans *Le Grand Pardon*, lui avait offert une chance dans *Train d'enfer*, avait donné son aval pour qu'on le prenne dans la série, et voilà que son protégé a l'impression d'avoir appris suffisamment pour infléchir désormais sa carrière. La sanction a été immédiate. Pierre Grimblat est allé trouver Tito Topin : « Il ne veut plus de Sam, il faut t'arranger pour le virer dès maintenant. » « Il », c'était bien sûr Roger. Première fissure dans l'édifice à la fin de la troisième saison. Au 39e épisode, « Les gens de peu », Sam Karmann, *alias* Barrada, réussit donc brillamment son concours de commissaire et obtient sa mutation. Tito suggère alors que Barrada revienne de temps à autre croiser Navarro. « Jamais », a tranché Roger.

C'est que mon Rodgeur, tout gentil et délicat qu'il se montrait avec moi, sans doute parce que j'étais une femme, sans doute surtout parce que j'étais sa « fille adoptive », n'avait pas les mêmes mansuétudes envers la gent masculine. Là, il ne fallait pas lui manquer de respect. Il pouvait se montrer redoutable dès qu'il se sentait trahi ou trompé. Quelque chose en lui perdurait de l'enfant capricieux et jaloux qui obligeait sa mère à lui céder malgré tout. Avec l'âge, Roger ressemblait de plus en plus à un « parrain », comme le Raymond Bettoun du *Grand Pardon*. Mêmes yeux noirs, même intransigeance. Dans ce rôle-phare de chef mafieux, qui l'avait rendu célèbre en 1982, il donnait toute la mesure de son tempérament pied-noir. Alexandre Arcady a toujours dit n'avoir jamais envisagé quelqu'un d'autre pour l'incarner : il avait vu juste. Pour ma part, c'est en découvrant Roger dans *Le Grand Pardon* que je me suis promis de ne jamais le mettre en colère. Je devais avoir quinze ans, ça m'avait tellement impressionnée que j'ai tout fait pour passer entre les gouttes. Avec succès. Les « mulets » n'ont pas eu cette chance. Roger supportait mal la concurrence masculine… Quand Christian Rauth et Daniel Rialet s'échappaient de temps en temps pour tourner d'autres séries comme *Les Monos* ou *Père et maire*, ni une ni deux Roger les convoquait dans sa loge et les menaçait d'expulsion de *Navarro* ! Tout le monde savait que, lorsque Roger montait dans le rouge, il valait mieux ne pas traîner dans les parages. Ceux qui lui résistaient comme Christian Rauth ou Sam Karmann n'en gardent pas de bons souvenirs. Leurs relations avec Roger ? « Autant de douceur partagée que de coups de gueule », dixit Sam.

Roger a remplacé Sam par un de ses bons amis comédiens, Jean-Claude Caron. Il l'avait connu au Festival de Pau : Jean-Claude y cherchait des spectacles susceptibles de plaire à Roger, le patron. Il avait aussi fait une apparition dans *Navarro*, en tant que camionneur dans « Fils de périph' ». Son unique réplique : « Hé, le gros, tu la pousses ta caisse ! », à la face du très respecté commissaire Navarro. Ce qui l'avait bien amusé. Cette fois, il reprenait le rôle de l'inspecteur Borelli. Plus consistant, et, malgré l'alcoolisme du personnage, plus respectueux.

Je tournais peu avec les mulets, j'avais évidemment plus de scènes avec mon Dada, mais cela ne changeait rien à notre sentiment d'appartenir tous à une « famille », dans laquelle il y avait aussi Catherine Allégret, notre Ginou, et Maurice Vaudaux, *alias* le divisionnaire Waltz. Tous deux s'étaient mariés à la ville, bien avant le début de *Navarro*. Avec Catherine, je partageais la loge réservée aux comédiennes. Elle passait son temps à me faire réciter mes déclinaisons latines. Sa marotte. Elle était imbattable. *Rosa, rosa, rosam, rosae, rosae, rosa ; rosae, rosae, rosas, rosarum, rosis, rosis…* Un vrai jeu entre nous. Quand je voyais que j'avais une scène avec elle dans les jours qui suivaient, je révisais dare-dare !

Une dernière pour la route

Le plus dur sur le tournage, c'était de se concentrer quand Roger avait décidé de raconter ses blagues. Il y en avait toujours « une dernière pour la route ». Habitué à s'adapter à son auditoire et aux circonstances, il était toujours capable d'en dégoter une, aussi rapide qu'irrésistible, qu'il réussirait à finir juste avant que retentisse le célèbre « Moteur ». Je me rappelle celle-ci par exemple :

Un bon chrétien va voir le curé de sa paroisse :

— Pardonnez-moi, mon Père, parce que j'ai péché. Pendant la Seconde Guerre mondiale, j'ai caché un Juif dans mon grenier.

— Mais ce n'est pas un péché, mon fils, bien au contraire, répond le prêtre.

— Oui, mais je lui ai demandé cinq cents francs pour chaque mois qu'il passait.

— Effectivement, ce n'est pas bien, mais vous faisiez une bonne action en même temps. Ce n'est donc pas très grave, répond le curé.

— Oui, mais je ne lui ai pas encore dit que la guerre est finie…

Pas facile après cela de reprendre son sérieux. Avec celle-ci non plus :

Une mère juive appelle son grand fils :
— Daviiiid, mon fils ! Écoute ta mère qui te parle ! Voilà, tu as voulu faire Harvard, je t'ai payé Harvard, tu as voulu faire Polytechnique et l'ENA, je t'ai payé Polytechnique et l'ENA… Maintenant, il faut choisir, confection pour hommes ou confection pour dames ?

Et la dernière pour la route :

À Paris, dans l'une de ses petites ruelles, M. et Mme Bensoussan se promènent tranquillement lorsque soudain, dans le dos de M. Bensoussan, une voix menaçante murmure :
— La bourse ou la vie ?
— Prenez ma femme, elle est toute ma vie.

Les plus courtes sont parfois les meilleures.

« Je déclare le Festival de Pau ouvert »

Chaque année, Roger m'invitait au Festival de Pau. C'était son bébé, sa fierté. Il l'avait créé en 1977, à la demande du maire, André Labarrère, qu'il estimait beaucoup. « Le festival m'est arrivé comme un bonheur que je n'attendais plus dans ma vie, témoignera-t-il. J'en sais gré à André Labarrère. Pour la première fois j'ai pu maîtriser ma conception du couple spectacle-public. J'ai pu choisir théâtre, musique, chants, danses, promotion. J'ai décidé, vu, touché l'action. » Il s'y rendait toujours de bon cœur, bichonnait la programmation qu'il voulait éclectique, cherchait à répondre au mieux aux attentes des Palois tout en leur faisant découvrir son dernier coup de cœur artistique. « Pouvoir organiser la fête, quel privilège ! J'ai eu ce bonheur à cinquante ans. Avoir une vraie conversation avec des hommes, des femmes de tous ces pays, de Béarn et d'ailleurs, les inviter à goûter ensemble. Faire vivre une ville de cent trente mille habitants, savoir que ce festival a donné un coup de projecteur sur cette cité, faire connaissance de nouvelles responsabilités dans mon métier d'acteur et de metteur en scène, aborder la gestion financière, c'est vrai, je pense que tout ce faisceau de bienheureuses responsabilités a complété mon approche et ma connaissance du spectacle. » Un homme heureux. D'autant qu'il venait de vivre, comme cela arrive à beaucoup d'artistes, une traversée du désert. Malgré les coups de pouce – il a toujours dit combien il devait à Alain Delon, par exemple, de l'avoir imposé à ses côtés dans *Les Grands Fusils*, en 1973 –, il a connu de longues périodes de vaches maigres. Poussé à se remettre en cause – au point d'avoir pensé reprendre ses études de pharmacie –, il en est venu à explorer d'autres territoires. Pendant cette période, avant d'être de nouveau en bonne place dans le box-office grâce au *Coup de sirocco* en 1978, il en avait profité pour écrire une première pièce, *Ciel! Où sont passées les dattes de tes oasis?*, et tourner son premier film comme réalisateur, *Le Protecteur*. Deux expériences qui lui ont permis de mieux comprendre le métier. Et même si, comme d'habitude, l'enfant de la Casbah avait l'impression de ne pas avoir mérité la direction d'un tel festival, il s'est adapté à sa nouvelle responsabilité avec une facilité étonnante.

Chaque année, donc, quand arrivait l'été et que l'école était finie, je faisais partie de ses bagages. Qu'un homme qui avoisinait ou dépassait soixante-dix ans me propose de venir avec lui, moi la préado, puis l'adolescente, dans tous ses déplacements, pouvait paraître extravagant si l'on y réfléchit bien. Or, cela nous paraissait évident à l'un comme à l'autre. À force de nous croiser ensemble dans la rue, les gens nous demandaient souvent si j'étais vraiment sa fille. Cela nous faisait rire, et plaisir. Roger leur répondait : « Elle est comme ma fille. » Et j'ajoutais : « Il est comme mon père. » La scène s'est reproduite tant de fois que les gens n'avaient plus besoin de finir leur question, on répondait toujours ainsi. Roger n'en oubliait pas pour autant sa vraie fille, Isabelle. Je ne l'ai pas souvent rencontrée, mais quand on se croisait, aucun signe d'une quelconque jalousie de sa part, plutôt de la bienveillance. N'étant pas de la même génération, n'évoluant pas dans les mêmes sphères, nous n'entrions pas en concurrence. Je suppose qu'elle respectait simplement la complicité qui me liait à Roger. De la même façon que mon « vrai » père ne s'offusquait aucunement quand Roger appelait chez nous et demandait à me parler pour « avoir des nouvelles de sa fille ».

À Pau, synonyme de fête, de spectacles, d'indépendance aussi, je me régalais. J'avais ma chambre à l'Hôtel Continental. En général pas très loin de celle de Roger. Du moins, au même étage. S'il dormait ou travaillait, je m'occupais toute seule. Je lisais, j'écoutais mes chansons préférées sur le walkman, de Roch Voisine à Daniel Balavoine en passant par Renaud ou Cookie Dingler. C'était la grande période d'*Hélène* – « Seul sur le sable, les yeux dans l'eau, Mon rêve était trop beau. L'été qui s'achève tu partiras, à cent mille lieues de moi » –, de *L'Aziza* – « Ta couleur et tes mots, tout me va, que tu vives ici ou là-bas. Danse avec moi » –, de *Mistral Gagnant* – « Ah... marcher sous la pluie cinq minutes avec toi et regarder la vie tant qu'y en a, te raconter la terre en te bouffant des yeux, te parler de ta mère un p'tit peu »... Ou de la difficulté d'être « une femme libérée, tu sais, c'est pas si facile ».

Puis coup de fil de Roger : « Tu es prête ? C'est l'heure d'y aller, ma chérie ! Je t'attends ! » Je le rejoignais illico – Roger n'était pas très patient –, toujours enthousiaste, toujours partante. Je n'ai pas le souvenir d'avoir veillé à ne pas gêner. J'étais tellement à l'aise avec lui que je me comportais normalement. Je n'étais pas non plus du genre casse-pieds, auquel cas, il ne m'aurait sans doute pas emmenée. Bien sûr, ce n'est pas parce que j'étais « facile » qu'il ne veillait pas sur moi. Je me souviens d'ailleurs d'un retour du festival, je devais avoir quinze ans ; nous étions arrivés à Orly et attendions nos bagages. Roger savait que je devais aller jusqu'à la gare Montparnasse pour prendre un train. Il était pressé ce jour-là mais ne voulait pas me voir partir ni en RER, ni en taxi toute seule... Il a alors demandé à son compagnon de vol, Pierre Moscovici – rencontré par hasard à l'aéroport de Pau – si cela l'ennuyait de me déposer... et je me suis retrouvée dans sa voiture de député européen, avec chauffeur et gyrophare, pour attraper mon train ! La première chose que j'ai dite à mes parents en arrivant : « Vous ne devinerez jamais qui m'a déposée à la gare ? »

À Pau même, impossible de ne pas croiser Gabriel. Le concierge de l'Hôtel Continental veillait avec un soin jaloux sur Roger et sur nous tous. Roger l'appréciait tellement qu'il lui a fait le plaisir d'aller l'applaudir à son spectacle de chorale.

Tout était fait pour que Roger se sente comme chez lui. Y revenir chaque année, c'était comme retourner à la maison. Il entrait dans les pâtisseries, se servait tout seul de montagnes de gâteaux dans la vitrine et filait directement à la caisse pour payer. Une habitude qui ne surprenait plus personne.

Que d'émotions là-bas ! Dans la cour du château, j'ai vibré devant quantité de pièces du répertoire classique, découvert les œuvres de Molière comme de Samuel Beckett, aux premières loges. De quoi attiser encore ma vocation. Je me souviens aussi de nos fous rires en assistant au spectacle des Inconnus avec leur fameux « Télémagouilles ». Didier Bourdon, déguisé en Véronique, blonde façon perruque acrylique, « caissière à Félix Potin, mais je ne compte pas faire ça toute ma vie, je compte rentrer caissière à Mammouth », appuyant sur le buzzer avec une détermination de groupie, aussi véhémente que son QI était abyssal, lançant ses « Stéphanie de Monaco ! » à tout-va. Pascal Légitimus, son concurrent à la chemise Hawaï, finissant toutes ses phrases par « golo golo dans la case », et Bernard Campan, l'animateur débordé par leurs excentricités. Je ne m'en lasse pas.

Au lendemain de cette rigolade offerte par d'encore tout jeunes Inconnus, direction le Zénith de Pau où se produisait un moins jeune, Serge Reggiani. Coup de cœur absolu. J'entendais pour la première fois « Ma liberté » et n'en perdais pas un mot. Il faut dire que le chanteur, par ailleurs grand comédien, interprétait divinement les textes. Roger, ému de recevoir un tel artiste dans le cadre de son festival, n'en revenait pas de me voir aussi captivée. Le temps d'une chanson, j'en avais oublié mes Beatles.

Chaque jour, de grandes tablées étaient dressées pour recevoir au mieux les metteurs en scène, acteurs, chanteurs participant au festival, mais le plus souvent Roger préférait partager ses agapes avec son équipe technique, avec Tanya, Bernard Renan, Ron Lévy…

On changeait régulièrement de restaurant, histoire de ne pas heurter les susceptibilités et de ne pas faire de jaloux. S'il n'avait été aussi complice avec Labarrère, à qui il réservait ses meilleures blagues homo, il aurait pu se faire élire maire de Pau ! Gamine au milieu de tout cela, je me sentais à ma place, comme une fille qui commence ses vacances d'été avec son papa et veut profiter de lui au maximum. Nous n'avions pas besoin de nous parler pour être bien ensemble. Je l'aimais. Et je crois qu'il m'aimait aussi.

Le public, oui, la critique, non

Roger préférait l'assentiment du public à celui des critiques. Échaudé par certains écrits gratuits et péremptoires dont il avait sans doute subi l'injustice pendant les périodes où sa carrière était fragilisée, il avait des propos assez définitifs sur ces « divas ridicules ». Il était convaincu que la critique ne servait à rien et que les créateurs, les vrais, les auteurs, les metteurs en scène, les acteurs n'ont pas besoin de ces intermédiaires. « Pourquoi est-ce que, brusquement, apparaîtrait un médiateur, un guide, un Duce qui dirait "Public, allez-y, c'est beau", ou bien "N'y allez pas, ce n'est pas beau" ? Pourquoi une espèce de mentor viendrait expliquer, doctement, brillamment, "Voilà ce que la pièce signifie. Voilà ce qu'elle ne signifie pas" ? Je me révolte avec force, violence même, contre cet ordre intermédiaire. Car enfin est-ce que le public ne serait pas capable de se faire sa propre opinion ? J'entends déjà la réponse : "Oui, mais comment le public peut-il être informé ?" Je rétorque : "Les journalistes existent et sont capables de dire ce qu'est la pièce, ce qu'elle représente, par qui elle est jouée, dans quel style, quel décor, quelle mise en scène. Les journalistes, non les critiques." » Mon Rodgeur trouvait que ces « censeurs patentés de l'Art dramatique » étaient nuisibles. Au moins, il était franc. Au lieu de chercher à les amadouer ou de dire, comme la plupart de ses petits camarades, aussi contrariés que lui, « Je me fous de la critique », lui affirmait : « La critique me blesse », précisant même : « Pendant les représentations qui suivent la générale, il y a quelque chose d'inutilement cassé en moi. C'est en cela que je prétends que les critiques sont gens inutiles et nuisibles. » Et de conclure par ce bon sens : « On peut toujours tousser dans tous les cabinets ministériels, les créateurs continueront à exister, par eux-mêmes. Ils vivent et durent sans être raccordés ni au pouvoir politique ni au conseil d'administration d'un journal. On peut toujours s'agiter au ministère des Affaires culturelles en Italie, M. Giorgio Strelher sera toujours metteur en scène. »

C'est dans cet état d'esprit que Roger, le sensible, savait comment s'y prendre avec ses pairs, les artistes. Il les chouchoutait, faisait en sorte qu'à Pau ils soient heureux, et respectés. Je me souviendrai toujours que, lors d'une représentation de *La Leçon*, un photographe intempestif mitraillait à tout-va. Roger s'est arrêté sur scène et l'a fixé longuement. Silence de mort. Le type, tétanisé, a cessé son manège et est reparti comme s'il avait pris une bonne fessée. Le public n'a pas compris ce qui s'était passé, pensant que mon « professeur » était occupé à fixer l'autre personnage de la pièce, la bonne en l'occurrence – jouée par l'inoubliable Dora Doll –, mais, moi, j'ai bien vu que la colère lui montait au nez, puis j'ai lancée ma réplique comme si de rien n'était.

En fait, seuls comptaient à ses yeux les artistes et le public. Autant les critiques officielles l'horripilaient, autant il écoutait la moindre réflexion des spectateurs. Un jour, il a reçu un mot de l'un d'eux, s'étonnant que Navarro, commissaire de la République française, sirote régulièrement un whisky, servi par sa fille, à la fin de chaque épisode. Pourquoi pas une boisson française ? Et, suggérait cet habitant de Cognac, un alcool de sa région ? C'est ainsi que les cinq dernières années, j'ai versé à mon Dada un cognac millésimé.

Cœur de midinette

Bien sûr, il me gâtait. Mais jamais pour m'acheter ou m'infantiliser. Au Festival de Pau, comme il le fera souvent pendant nos voyages ensemble, il lui arrivait de me tendre une enveloppe d'argent et de me dire : fais-toi plaisir. Je l'embrassais et je m'en donnais à cœur joie, dépensant TOUT car je savais que si je ne le faisais pas, il serait contrarié. À mon retour, il s'asseyait, tel un pacha, dans le fauteuil de sa chambre et riait de me voir tout déballer avec excitation. Plus il y en avait, plus il était content, et il s'extasiait de chacun de mes achats. Comme je savais que c'était un privilège, que la vie ne se résumait pas à cela, je m'en amusais plus encore. Quel bonheur c'était quand j'y repense !

S'il était heureux que j'aie découvert « L'Italien », « L'absence », « Votre fille a vingt ans » et autres chefs-d'œuvre interprétés par Serge Reggiani, il savait que mon cœur de midinette en pinçait pour Roch Voisine. J'avais douze ans quand Roger, invité par Michel Drucker à « Champs-Élysées », lui a demandé de m'inviter aussi. C'était ma première émission de télé. J'avais encore des couettes sur la tête et étais si intimidée que Roger m'a prise sur ses genoux. Lui, était très à l'aise car il aimait beaucoup Michel Drucker, et c'était réciproque. Roger avait d'ailleurs accepté d'essuyer les plâtres de son premier « Vivement dimanche » en 1998.

Pour « Champs-Élysées », Roger avait choisi de chanter « Avec le temps », accompagné seulement d'un piano. Plus que chanter les paroles de Léo Ferré, il s'en était emparé, les avait « interprétées ». J'en avais les larmes aux yeux. Applaudissements nourris sur le plateau. Puis, soudain, Roch Voisine est apparu ! Il s'est placé derrière le micro, a chanté « Hélène » ! En apesanteur, j'étais. À peine l'émission terminée, accompagné de Nourredine, son assistant, Roger m'a conduite en coulisses jusqu'à la loge de Roch Voisine. J'étais… je ne vous dis pas ! Il a susurré au chanteur canadien qu'il ferait une heureuse s'il acceptait de m'embrasser. Ce que le chanteur a fait volontiers. C'est la seule fois où je suis allée frimer auprès de mes copines en leur montrant ma joue gauche. Plus midinette, tu meurs. Encore une des mille et une attentions de Roger.

Navarro chez les Helvètes

Dans un épisode, le dernier de la première série, soit le treizième – si je vous ai perdus, voici quelques explications : au départ, on avait signé pour une série de six épisodes, mais, vu le succès, la production, pressentant qu'on était installés pour longtemps dans le PAF (paysage audiovisuel français), a décidé d'augmenter leur nombre par saison. On est passé à treize. À raison de quatre semaines de tournage pour mettre en boîte chaque numéro, il nous fallait un an et demi pour livrer à la chaîne une saison entière, rédaction du scénario, pré et post-production comprises.

Donc, en mai 1990, dans le dernier épisode de la première série de treize, « Méprise d'otages », Yolande se faisait kidnapper et était retenue en Suisse. Du haut de mes onze ans et demi, c'était la grande aventure. Loin de Bezons. Avec Roger. Et je séchais l'école quasiment tout le mois de mai pour tourner dans les montagnes helvétiques, où mon commissaire de père venait me rechercher.

Hors caméra, c'était beaucoup plus cool. Nous étions logés à Zinal, dans un petit hôtel avec piscine, où, le soir, après le tournage, Roger me donnait des cours de water-polo ! Il m'affirmait avoir été un bon joueur dans le passé… De toute façon, ce n'était pas difficile avec moi : j'avais du mal à sortir la tête de l'eau alors que je me tenais sur la pointe des pieds ! Même en étant dans le petit bain, lui, dans le grand, je n'y parvenais pas. Très amusant, surtout pour Roger ! Il n'a manqué aucun des ballons que je lui envoyais. Un rapide plongeon avant de quitter le bassin et on se ruait vers le restaurant.

Au dîner, Roger, qui aimait autant les grandes tablées que détendre l'atmosphère, y allait de ses blagues, dont Mistoufle, bien sûr. Pas question de les raconter platement, assis comme un Helvète congelé dans une crevasse du Matterhorn. En bon Méditerranéen, il se levait, y mettait l'accent et mimait les situations à coups de gestes amples et expressifs. Tout le monde en profitait. Même ceux qui n'avaient pas réservé pour ce dîner-spectacle. Il avait trouvé une scène à sa mesure. Chaleureuse, spontanée. Quand il s'est mis à raconter l'histoire de la chanteuse d'opéra qui perd connaissance après de trop fortes vocalises et du jeune premier qui n'arrive pas à la soulever, hurlant « Je l'emporte ! Je l'empoooooorte, je l'empooooorte ! », un client a lancé à son tour : « Eh, con, fais deux voyages ! » Sacrés Helvètes !

Le lendemain, je ne tournais pas. Mais, comme j'étais sur place, j'ai assisté à la scène où mes kidnappeurs se faisaient abattre. Je me doutais bien qu'on n'allait pas réellement tuer les acteurs, mais je ne connaissais pas la supercherie. J'ai observé les cascadeurs scotcher leurs poches de sang de bœuf sur la peau des comédiens, les relier à des détonateurs, etc. Les voir s'écrouler comme morts et se relever avec un grand sourire, à peine le « coupez » prononcé, m'a donné l'envie furieuse d'essayer moi aussi. Rêve de gosse accordé ! Le soir, après le tournage, j'ai eu droit à ma « mise à mort » devant l'hôtel où nous logions. Le temps de récupérer un T-shirt qui finirait à la poubelle, je suis prête pour « mon bain de sang ». Pendant vingt bonnes minutes (le temps d'élaborer un scénario à la Wes Craven), on me prépare, on me colle tout ce qui reste de poches de sang. Le détonateur prêt à tout faire exploser, je me lance et cours comme si Terminator était à mes trousses, puis m'effondre au top du cascadeur. Je me relève couverte de sang et me mets en tête de faire peur à quelques passants en me dirigeant vers eux comme une morte vivante. Pas vraiment du goût de Roger qui a préféré ne pas voir ça. Il devait déjà être attablé à raconter Mistoufle.

Pour les besoins d'une scène et clore le tournage de cet épisode, Roger/Navarro devait survoler les montagnes à ma recherche. La production avait loué un hélicoptère. Roger savait que je n'étais jamais montée à bord d'un engin pareil et m'a invitée à monter avec lui et le cameraman. « La p'tite vient avec moi, sinon je ne monte pas dans votre engin ! » a-t-il lancé au pilote qui n'était pas très chaud à l'idée de laisser monter un enfant à bord. Comme toujours, Roger a eu gain de cause et, pendant plus d'une heure, nous avons volé au-dessus du mont Cervin, les yeux écarquillés.

Ce séjour en Suisse, c'était un peu mes premières vacances avec Roger. Il allait y en avoir bien d'autres, mais je ne le savais pas encore.

« Les jolies colonies de vacances, merci papa… »

Roger m'emmènera en « vraies » vacances, sans tournage à la clé. Il n'aimait pas partir seul. Ses amis le suivaient et, si je pouvais, si je n'avais pas école, il m'embarquait aussi. Quand il m'a intégrée à sa « colonie de vacances », je devais avoir quatorze ou quinze ans. J'étais évidemment la plus jeune de la bande mais jamais je n'ai ressenti ma jeunesse comme un handicap. Roger me parlait comme aux cinq ou six personnes qui l'accompagnaient. J'aurais eu cinquante ans, c'était pareil. Pas de sujet tabou, pas de différence. Seule nuance : en bon père protecteur, il me mettait toujours à côté de lui à table. C'était mon privilège. Et j'appréciais.

Dans les années 1990, les voyages vers Alger n'étaient pas recommandés. Même pour Roger, tout enfant du pays qu'il était. Depuis la prise d'otages de décembre 1994 et jusqu'en 2003, Air France avait d'ailleurs suspendu tous ses vols à destination de l'Algérie. Le Maroc a comblé ce manque, et Roger a fini par s'y sentir comme chez lui. Je ne compte plus les fois où il m'y a emmenée. D'Agadir, au Club Méditerranée, à Casablanca pour le tournage de son film *Soleil,* en passant par Marrakech où l'on descendait immanquablement à La Mamounia. Le palace mythique où il était reçu comme un roi. Un hall magnifique, une piscine entourée de palmiers, des chambres somptueuses. La mienne, au premier étage, immense, donnait sur la piscine. Cinq ou six jours de dépaysement dans cette oasis raffinée. Les petits-déjeuners étaient si copieux que je ne résistais pas. Je m'empiffrais de crêpes marocaines, grasses à souhait, sucrées au miel. À midi, nous essayions de déjeuner léger… pour garder de la place le soir et nous régaler de leurs couscous et tajines. Immanquablement, je rentrais avec des kilos en trop. Sauf une année où nous avons été tous deux laminés par une gastro carabinée. Pauvre Roger, il avait même eu une mésaventure gênante dans les toilettes de La Mamounia. Caleçon et pantalon tachés, il s'était rué vers les plus proches lavabos pour essayer de faire sa petite lessive. Cul nu pendant de longues minutes, tentant de bloquer la porte des sanitaires d'un pied, affolé d'être découvert en si mauvaise posture. Une personne, qui ignorait ce qui se passait à l'intérieur, avait essayé d'entrer, mais, au bout de quelques tentatives d'ouverture de porte qui lui revenait dans la figure, avait renoncé. Ouf! Reste que Roger a connu un sacré moment de panique. Quand il est ressorti, il était dans un état second. Une fois remis de ses émotions, il pleurait de rire en nous racontant ce qu'il appelait « l'épisode de l'hémorragie fécale ». Tout était bon pour nous amuser, même si ce n'était pas à son avantage.

Roger nous bipait fréquemment, moi et sa « colo », soit pour participer à un plouf général dans la piscine, soit pour le suivre dans les souks, où, grâce ses rudiments d'arabe, il était à l'aise, négociant comme le plus aguerri des clients. Le reste du temps, il aimait se faire bronzer, se mettre à une table pour écrire. J'en profitais pour rédiger mes cartes postales. Je rentrais cuivrée, avec de bonnes joues et de beaux souvenirs. De retour en France, je poursuivais mes vacances avec mes parents et mon frère ou rejoignais des amis partis camper. Passer de La Mamounia au camping, c'était le grand écart, mais ça ne me posait aucun problème, bien au contraire. Et Roger appréciait que je vive les choses ainsi.

« L'argent me fait honte »

Le luxe. Les grands hôtels. Les bonnes tables. Le bel appartement où il vivait avec Christine, son épouse, au Trocadéro. Autant de lieux, qui le définissaient peu. Il aimait autant, si ce n'est plus, savourer des coquillettes gratinées au gruyère que les mets des chefs étoilés. Son logement, il en était locataire. Foi d'ancien communiste : haro sur la propriété. « Je ne veux rien posséder », répétait-il. Certes, il aurait fait des économies en achetant son appartement. Et surtout, il n'aurait pas été obligé de déménager quand le propriétaire a voulu le récupérer. À plus de quatre-vingts ans, ce fut douloureux de quitter l'endroit où il avait vécu si longtemps avec Christine. Malgré tout, si c'était à refaire, je suis sûre qu'il ne l'aurait pas acheté pour autant.

À ce propos, il convient de tordre le cou à une rumeur. Cent fois on m'a demandé : c'est vrai que Roger Hanin possède les fourrières de Paris ? La question m'a d'abord estomaquée. Je savais que Roger n'était pas du genre à posséder quoi que ce soit, encore moins des fourrières. Je répondais donc que c'était n'importe quoi. Mais, comme beaucoup sont revenus à la charge, j'ai fini par interroger Roger pour en avoir le cœur net. Il était outré. Il ne comprenait pas d'où cette légende pouvait venir. C'était tellement éloigné de sa façon d'être et de vivre. Il m'a redit qu'il ne voulait rien posséder, et partir aussi nu qu'il était venu au monde!

L'homme avait une vraie aversion pour l'argent. Facile, pourrait-on se gausser, quand on en gagne autant à chaque épisode, qu'on a de quoi vivre largement au jour le jour, sauf que rien n'est si simple. « L'argent me fait honte, disait-il, ajoutant même : Je pense que mon véritable rapport à l'argent, c'est la haine. Une haine qui se traduit par un mépris que j'oserai dire actif. Je répète souvent qu'on rencontre deux sortes de comportements chez les gens qui ont manqué d'argent. Il y a ceux qui ont souffert et veulent thésauriser, et ceux qui disent : "J'ai manqué d'argent, eh bien je vais me venger et je vais dépenser." C'est ma position. La pluie qui tombe, lave, enrichit, puis s'évapore. » On ne peut lui faire le grief de parler de ce qu'il ne connaît pas. Roger a connu la pauvreté, et même la faim. Et, si ce n'était pas la misère des chiffonniers du Caire, il a senti, à la différence de tant de privilégiés, comme il le sera lui-même et en fréquentera ensuite, ce que c'était de manquer de tout. Il aurait pu en garder de l'amertume, de la rancœur, ce fut l'inverse. « J'ai le souvenir de certains après-midi exactement merveilleux où j'ai connu une sensation d'innocence, de plénitude que malheureusement je ne connaîtrai plus jamais. Ne pas avoir un sou sur soi, être nu, démuni, sans rien et, en même temps, être un roi. » Et de marteler : « On peut n'avoir rien et être un prince. » Avec son copain Marcel Boucaya, ils se rendaient square Guillemin. « Nous n'avions rien. Nous avions nos yeux. Nous étions en bonne santé, nous étions jeunes, on regardait. Au lieu d'avoir, on regardait. Au lieu d'aller voir un film, on regardait les photos sur les devantures. On imaginait le film, on pouvait même en imaginer plusieurs. On allait se baigner entre les Bains Matarèse et les Bains Padovani. On n'avait pas de cabine, on se déshabillait sur la plage et chacun de nous gardait le linge de l'autre. On nageait, on revenait, on allait boire un peu d'eau fraîche, on passait devant les magasins et, de nouveau, on regardait, on regardait. Tout. On passait devant les pâtisseries. Là, aïe, c'était un peu plus difficile de regarder les gâteaux sans pouvoir en manger. Mais on rêvait, on imaginait, on espérait et ce qu'il y a d'extraordinaire, c'est qu'on n'avait jamais envie de casser les vitrines, ni de voler. Qu'importe, le bonheur était en nous. Nous étions notre espérance. Nous vivions notre liberté[1]. »

Cette liberté, il dit l'avoir acquise par des chemins parfois violents et douloureux. Il aurait eu toutes les raisons, par exemple, de suivre le modèle familial, tout d'économie et de parcimonie. Oh, comprenons bien, pas celui de Titine, mais celui de ses grands-parents. Typique de ces « pauvres, ceux qui manquaient réellement d'argent » et « deviennent souvent cruels, avares ». Souvenir de sa grand-mère maternelle, Rachel de Blida, une belle blonde autoritaire, ou de Souka, sa grand-mère paternelle, petite brune moins jolie. Leur point commun : chez elles, on gardait le peu qu'on avait. On ne partageait pas. « Ne donne pas ton pain ! » lui répétaient-elles. Ils avaient beau être d'une grande générosité pour les leurs, s'être dépouillés pour leurs enfants, Roger dit avoir souffert de cette attitude. Il lui

1. *L'Ours en lambeaux*, Encre, 1983.

arrivait d'aller chez les parents de copains aussi pauvres qu'eux mais qui avaient le cœur sur la main, et spontanément offraient quelque chose à qui se présentait, ne serait-ce qu'un café, un biscuit. Chez Rachel et Souka, il n'y avait jamais d'invités. C'était interdit. « Je me souviens, raconta-t-il, que chez mes grands-parents maternels et paternels, on cachait parfois la nourriture sous les lits de crainte que l'on fasse irruption avant l'heure du déjeuner et que l'on se précipite sur les plats. Si, d'aventure, j'arrivais alors avec des camarades, on n'avait plus à avoir honte de ne pas offrir puisque apparemment on n'avait rien. Je me rappelle très bien que pour la fête de Pourim, les gâteaux rituels, makrouds, knidlets, galettes blanches, tout était caché sous les lits. J'ai parfaitement en mémoire certaines scènes où Souka baissait précipitamment la couverture pour que les visiteurs importuns ne puissent apercevoir les assiettées de gâteaux dissimulées sous le lit. » Parfois il enjoignait à sa grand-mère d'offrir un gâteau : « Non, ici, on n'offre rien ! » Conclusion de mon Roger : « Depuis, j'ai eu le réflexe inverse, j'offre et je donne comme un bonheur ressuscité. »

« Dépense tout ! »

Par réaction, il se défia donc toute sa vie des avares et de l'avarice. Mais serait-il devenu ce Dada Noël, ce Rodgeur luttant contre les injustices, ce compagnon de tournage essayant de trouver des rôles à ses amis moins gâtés professionnellement, ce généreux qui payait les loyers des uns, dépannait les autres… sans Titine et sa façon altière de voir les choses ? Titine et sa philosophie qui détonnait alors, toute de grâce et de distance intelligente ? Titine, sa maman d'exception. Souvent il racontait cette anecdote, comme un fait fondateur de ce qu'il avait choisi de devenir, la fameuse scène où, enfant, il avait réclamé sa « semaine » à sa mère : son argent de poche de deux francs, qui, au fil des difficultés familiales, devenait un franc, puis cinquante centimes… jusqu'à ce qu'un jour Titine avertisse : « Je ne peux plus rien vous donner parce que je n'ai plus rien », et demande à chacun de ses enfants d'être raisonnable : il n'y avait plus d'argent pour se nourrir, alors pour s'acheter des bonbons… Sauf que Roger refusait de comprendre. « J'étais comme tous les enfants, confessera-t-il, méchant. » Il argumentait sans cesse, tenace, sale gosse, pénible. Titine avait beau rétorquer: « Mais je te dis que je n'ai plus rien! Plus rien! Je ne peux rien te donner! », Roger se mettait en colère. « Jusqu'à l'âge de douze, treize, quatorze ans, j'étais, par accès, insupportable, intolérant, agressif. » Sa mère continuait à répéter, au bord de l'épuisement, qu'elle ne pouvait pas, mais il ne rendait pas les armes, réclamant au moins ses cinquante centimes. « Je me disais: "Je sais qu'elle a un peu d'argent puisque demain elle se débrouillera bien pour qu'on mange." J'insistais, inlassable. »

Exténuée, Titine soudain l'a regardé fixement. « Je la revois encore assise sur une chaise, dans la salle à manger, près de la porte. Elle a sorti une pièce de cinq francs d'une de ses poches. C'était sûrement tout ce qui devait lui rester pour finir la semaine ou le mois. Elle m'a dit, d'une voix blanche: "Prends ces cinq francs, mais à une condition. Dépense tout." »

Roger, troublé au dernier point, a compris que quelque chose le dépassait. Sa colère s'est envolée, mais il n'a jamais oublié le message transmis. « Quitte à vivre d'humiliations, de difficultés sans fin, Titine avait eu cet éclair de génie: mais qu'il y en ait au moins un qui fasse la fête, un jour, une heure, et qu'il y ait au moins un enfant qui vive, enfin! »

Il est parti sans prendre la pièce de cinq francs. Mais toute sa vie, désormais, il aura ce réflexe: tendre de l'argent à autrui en lui disant: « Dépense tout! » Sous-entendu: sois heureux. Quand je vous disais qu'à Pau il n'aurait pas apprécié que je restreigne mes achats. Roger avait le sens de l'instant, du plaisir qu'il faut savoir s'offrir et offrir à autrui. De sa mère qui transformait le pain en viande ou en gâteau, avec cette force de caractère et cette distinction des gens pauvres qui savent faire contre mauvaise fortune bon cœur, il a retenu la plus belle des philosophies : l'imaginaire peut faire des merveilles. Il suffit de transposer, il suffit d'inventer. De choisir. Dans la vie, « il faut rêver ou pleurer ».

La revanche du pauvre

Reste qu'on ne sort pas forcément indemne de cette éducation-là. De ces longs moments où l'imagination, justement, devait pallier le dénuement. « Comment voulez-vous après ça que j'aie l'esprit de géométrie ou que l'exactitude me soit référence ? » Si ses relations avec l'argent n'avaient « rien de sain et d'équilibré », il savait qu'il ne fallait pas en chercher ailleurs la raison. Quand son compte s'est garni, quand il a connu les cachets à plusieurs zéros, il n'a eu de cesse de vouloir gâter sa Titine. « Je n'ai pas de plus grande joie, écrivait-il en 1982 alors qu'elle vivait encore, que de lui donner beaucoup d'argent, tout ce dont elle a besoin et tout ce dont elle n'a pas besoin. Cette nécessité de dépenser sauvagement est certainement un acte destructeur et libérateur dont ma mère et moi connaissons le code. » Sachant bien que parfois, dans son désir de la choyer, il dépensait trop et mal, achetant « tout ce qu'il ne conviendrait peut-être pas qu'elle mange, glaces ou sucreries, mais je ne sais que faire pour la choyer, pour l'entourer. J'essaie d'équilibrer mes débordements et mon besoin, tenace, évident, de lui montrer que je l'aime, l'estime et la respecte». Des débordements qui n'évinceront jamais les marques de tendresse et d'affection: «Certes, elle a des difficultés à marcher, elle est sourde, mais je crois que c'est maintenant devenu une coquetterie de sa part que de forcer sa surdité. Elle sait que sa seule façon d'entendre consiste à nous amener, tout doucement, à nous approcher de son oreille, et dès lors qu'on est tout près, évidemment on n'a plus qu'à se pencher pour l'embrasser dans le cou, au passage, la rouerie n'a pas d'âge.» Je retrouve là le Roger câlin, tendre, celui qui prétendait ne pas bien m'entendre, uniquement pour que je m'approche et qui en profitait pour m'embrasser sur le front. Celui qui aimait me prendre sur ses genoux ou me serrer dans ses bras. C'est donc vrai que les chiens ne font pas des chats.

Roger connut la même satisfaction de venger les années difficiles de son père. Alors qu'il commençait à gagner sa vie, il est revenu à Alger. Tous deux se baladaient dans les rues. Roger lui donnait en douce de l'argent, un billet ou deux de cinq cents francs. Pour Joseph, le grand enfant qui n'avait jamais osé dépenser pour lui, qui demandait à «maman», *alias* Titine, de lui acheter la moindre bricole, c'était énorme. Il en rougissait de confusion, hésitait à s'en saisir. Mais en même temps, il était fier: cela voulait dire que son fils avait réussi. Un jour, Roger l'a accompagné à son club de tennis d'Hydra. Joseph n'y était pas, vu ses ressources modestes, ce qu'on peut appeler un «bon client». N'osant pas y dépenser ses sous, il prenait un café, de temps en temps, voire une limonade, guère plus. Après quelques périphrases, Joseph a fini par lancer à son fils: «Tu sais, si cela ne t'ennuie pas, tu devrais m'inviter au restaurant.»

Attendrissant Joseph. Il voulait soudain devenir un client respectable. Un client comme les autres. Comme ceux qui pouvaient laisser de l'argent au club. Vous pensez bien que mon Roger ne s'est pas fait prier. Non seulement il a offert le déjeuner à son père, mais ils se sont accordé un repas gargantuesque. Roger a laissé un énorme pourboire, comme toujours. « À la fin du repas, témoignera-t-il, je le revois encore, il s'est levé en direction du gérant pour lui dire au revoir. Il était non pas gonflé d'importance, mais – c'est sans doute ridicule à dire – il avait reconquis un peu de dignité, pas pour s'être présenté avantageusement, simplement pour être comme tous les autres. »

Sophia Loren *alias* maman Titine

Un jour, il le savait, il le voulait, il raconterait son enfance à l'image. Il a déjà quatre films à son actif quand il décide de se lancer. Les deux précédents ont été remarqués : *La Rumba*, où il partageait l'affiche avec Michel Piccoli et Niels Arestrup, ou encore le célèbre *Train d'enfer*, où il jouait notamment avec Gérard Klein, Christine Pascal et Robin Renucci. Ce long-métrage, sorti en 1985, relatait un terrible fait divers qui avait bouleversé la France deux ans plus tôt : un Algérien de vingt-six ans avait été battu à mort puis défenestré d'un train par trois soldats de la Légion étrangère. On connaît l'aversion de mon Rodgeur pour le moindre relent de racisme, alors là… Il s'est emparé du sujet avec sa sensibilité à fleur de peau et des qualités de cinéaste de plus en plus aguerri. Le film a reçu le prix spécial au Festival international du film de Moscou.

Cette fois, le voilà fin prêt à plonger dans ses souvenirs les plus intimes, à les partager avec le grand public. Son scénario est écrit. Il reste à trouver « la » femme, celle qui saura interpréter Victorine, sa mère d'exception. Roger caresse un rêve : et si Sophia Loren, la sublime Sophia Loren, acceptait ? Il lui envoie le scénario. Je devine l'importance de sa réponse. Elle ne se fait pas attendre : l'actrice italienne appelle Roger quelques jours plus tard. Séduite par le titre *Soleil* : « Il m'a aussitôt donné envie de lire le scénario. » Elle accepte le rôle. Il n'en revient pas, mon Rodgeur, il est le plus heureux des hommes ! Il va pouvoir tourner le film de sa vie.

Été 1996, tout est ficelé. Roger et son équipe partent pour Casablanca où aura lieu le tournage. À défaut de jouer dans son film – je n'avais pas l'âge pour interpréter l'une de ses sœurs –, il me propose de le rejoindre quelques jours. On vient me chercher à l'aéroport, je dépose mes valises dans une belle chambre attenante à la sienne, lis le petit mot qu'il m'y a déposé : « Heureux de te revoir… ici ! » Signé : Dada. Et je m'empresse de rejoindre le tournage. Concentration et ambiance… particulière. Bonne dans l'ensemble, mais fébrile parfois, avec moments de tyrannie passagère du réalisateur, Roger. Le motif ? Sûrement pas la canicule, il la supporte très bien. L'exigence, l'implication. Sans aucun doute. Très investi, il supporte mal la moindre contrariété, s'agace des erreurs des uns, des inattentions des autres. Et ses colères, qui, moi, ne m'affolent plus – je commence à bien connaître l'artiste –, mettent certains dans leurs petits souliers.

Dans la vraie vie, je ne connaissais qu'une de ses sœurs, la plus jeune, Annie. Une femme attachante dont il était très proche. Là-bas, j'ai rencontré toute sa famille… à travers les acteurs censés les incarner. J'ai d'abord retrouvé Annie sous les traits de Salomé Stévenin, brindille devenue une amie. Elisa Tovati incarnait Mounette, Philippe Noiret, son papa Joseph, Marianne Sägebrecht, tata Jeannette, et, bien sûr, Sophia Loren, l'altière Titine. « Non mais, regarde-moi ses jambes ! » me lançait-il, éberlué, dès qu'il la voyait marcher. Il en était tourneboulé. De voir une aussi bonne actrice qui alliait au talent des jambes infinies le fascinait.

Un jour, alors que nous déjeunions tous ensemble, j'avais Sophia Loren à mes côtés, et, de l'autre, Marianne Sägebrecht, la gironde et inoubliable interprète de *Bagdad Café*. Sophia, qui, on s'en doute, n'a pas conservé ce physique de rêve jusqu'à aujourd'hui sans se soucier de son alimentation, la regardait manger, impressionnée. « Elle mange des montagnes ! » me glissait-elle à l'oreille, amusée. Le lendemain, la même Marianne, qui avait autant de choses à raconter que de coups de fourchette à donner, n'arrêtait pas de parler. Poliment, nous attendions tous qu'elle termine pour attaquer notre assiette. C'est Sophia, par pitié pour nous tous sans doute, qui a mis fin à nos souffrances en lui lançant : « Mais tu vas te taire ! Tu ne vois pas qu'ils ont tous faim ? » Prononcée avec sa voix douce, une bonne dose d'humour et le sourire craquant de la dame, la formule avait presque sonné comme un compliment.

La semaine terminée, Roger m'emmènera avec lui à El Jadida, station balnéaire à cent kilomètres de Casablanca. Il avait besoin de souffler. Tourner le film de sa vie n'était pas de tout repos. En fin de compte, il en sera très fier. Même s'il n'a pas rencontré un immense succès. L'essentiel était fait : sa mère, sa Titine, était désormais immortelle.

Père, malgré tout

Une mère forte, un père-enfant. Roger a souvent argué que son incapacité à lui d'être un père irréprochable venait de là. Un autre de ces étonnants accès de lucidité. « Est-ce parce que mon père ne m'a pas donné une image de patriarche ni la moindre référence paternelle que, moi-même, je ne me suis jamais senti ni allure, ni comportement responsables ? » Et de se remettre en cause, lui et sa propre paternité. « Sans doute ai-je été mauvais père puisque j'ai divorcé de Lisette, alors que notre fille n'avait qu'un an et demi. Avec le temps, je me demande comment un homme comme moi, velléitaire, tendre et mou, a pu prendre une décision pareille, tendue, irrévocable ? » Le moins qu'on puisse dire, c'est que mon Rodgeur ne s'épargne pas : « velléitaire », « mou », coupable de divorce. Il avait rencontré Lisette Barucq, fille d'un cordonnier, en 1946. Tous deux avaient vingt et un ans. Elle travaillait dans un salon de coiffure dans le VIIIe arrondissement de Paris où Roger, à la demande de son frère, avait pour mission de livrer… des chaussettes. Pour le motiver, il lui avait précisé que la coiffeuse était mignonne. Lisette aurait, paraît-il, fondu en le voyant. Ils sont allés prendre un verre ensemble, s'étaient mariés quelques mois plus tard, et en 1956 naissait leur fille Isabelle, qui ne les aura connus ensemble qu'un an et demi. « J'ai été un mauvais père, en regard de cette rupture, mais je crois que, d'une autre façon, j'ai été un bon père car j'ai toujours vu, suivi ma fille, été présent près d'elle, attentif. Ma fille, je lui ai appris à marcher et il ne s'est guère passé de jour où je ne l'ai maintenue, surveillée d'affection. » Et de rendre hommage à sa première femme de le lui avoir permis, et à sa seconde, Christine Gouze-Rénal, d'avoir accepté cela sans en avoir jamais éprouvé une quelconque jalousie. « En bref, j'ai raté mon mariage mais réussi mon divorce. » À l'heure où il faisait cette sorte d'examen de conscience, Lisette était morte, et il n'avait pas de mots trop aimables pour cette femme envers qui il éprouvait « une telle estime, une telle affection ».

Christine, madame le producteur

Roger n'est jamais resté longtemps seul, sans amour. « J'ai toujours été marié ou en état de mariage », disait-il bien avant que la Grande Faucheuse ne lui enlève Christine. Christine, il l'a connue en 1957 alors qu'il était l'époux de Lisette. Il venait de jouer dans un film de Jules Dassin, *Celui qui doit mourir*. Au cours de la projection privée à laquelle assistait Christine, elle le remarque. Charmée par l'acteur, elle se dit que ce Roger Hanin irait bien dans le film qu'elle est en train de produire avec Louis Jourdan et Dany Carrel. Le soir même, Roger jouait au Théâtre Hébertot dans *La Nuit romaine* d'Albert Vidalie. Grand succès public et critique. Danielle Mitterrand y était avec sa sœur Christine. Après la représentation, elles se sont rendues à la réception donnée dans la foulée chez Maxim's. Danielle lui aurait dit tout le bien qu'elle pensait de sa prestation, il l'aurait à peine regardée. Elle aurait alors chuchoté à sa cadette : il est peut-être bon acteur, mais très mal élevé !

Cela n'arrête pas Christine : elle veut proposer un rôle à cet acteur qui lui a tapé dans l'œil et le convoque. Roger se souvenait de cette scène dans les moindres détails: « J'entre dans le bureau de la productrice, je m'assieds, on m'y invite. Aimablement, courtoisement, l'élégance! Nous bavardons. La productrice et moi. Propos d'une exquise urbanité... J'étais loin de la rue Marengo. » On lui remet un scénario. Roger le lit et accepte. Il a déjà repéré la beauté de Christine Gouze-Rénal, une belle blonde, lui qui n'avait d'attirance que pour les brunes, et, quelques jours plus tard, il signe son contrat. Peu de temps après, le voilà au Studio Saint-Maurice pour tourner dans *Escapade* de Ralph Habib. Une journée de tournage s'écoule. Le soir, il découvre les rushes. Il se trouve mauvais, mais mauvais! Et puis il a la sensation que l'histoire ne vaut pas tripette. Le lendemain, sa décision est prise, il demande à voir la productrice. Pardon, « madame le producteur », son surnom dans la profession: on était loin de la féminisation des noms de métier, et en outre Christine Gouze-Rénal était la toute première femme productrice de cinéma et de télévision. Sa maison de production, Progefi, avait, entre autres, financé des films de Brigitte Bardot comme *La Femme et le Pantin*, *La mariée est trop belle*. Cela n'empêche pas Roger de lui annoncer tout de go, tâchant tout de même de ne pas rosir face à ses magnifiques yeux bleus qui déjà l'impressionnaient: « Madame, je ne veux plus tourner ce film. » Stupéfaction de la dame. Après une journée de tournage, après un contrat signé, alors qu'il avait lu le script, que les ouvriers avaient installé les décors!

— Je ne veux plus tourner. Je vous paierai le décor.

De plus en plus interloquée, la productrice finit par lui demander:

— Mais enfin, quel rôle voulez-vous jouer?

Réponse de Roger, une première dans la carrière de la productrice :

— Aucun ! Je ne veux plus tourner, c'est tout.

Les prunelles azur de Christine sont grandes ouvertes. Elle ne comprend pas, se tourne vers son directeur de production, puis, apprenant que Jean Servais, prévu sur le film mais retenu sur un tournage, n'était pas libre, lui lance :

— Aimeriez-vous prendre le rôle de Jean Servais ? Le rôle est plus important et plus intéressant. Peut-être trouvera-t-il grâce à vos yeux ?

Roger qui, il y a dix minutes, voulait quitter définitivement les studios et ne plus entendre parler d'*Escapade*, accepte la proposition :

— Oui, d'accord.

Il apprendra à se familiariser avec la technique cinématographique qu'il connaissait mal. À l'avenir, il fera la différence entre les rushes, qu'il ne voudra plus voir, et le rendu sur grand écran après un soigneux montage. Le comédien à succès de théâtre avait encore beaucoup à apprendre sur les plateaux. Pour le guider, il venait de trouver la plus séduisante des cicérones.

C'est Christine qui rompra la glace entre eux en lui avouant la première :

— Prenez-le comme vous voudrez, mais je vous aime.

Puis, quand enfin le vouvoiement cédera le pas au tutoiement, elle lui enverra ce télégramme, de ceux qu'on aimerait tous recevoir une fois dans sa vie :

« Rien ni personne ne peut me plaire plus que toi. Tu es tel que je te rêve. Christine. »

Christine avait onze ans de plus que lui. Il ne sera pas toujours un ange de fidélité au sens physique du terme, mais il n'a jamais aimé qu'elle. Leur vie de couple fut « quarante-trois années de bonheur ». Roger parle même de « vertiges amoureux ». « Je ne veux pas jouer les parangons de vertu et de fidélité, avouait-il, mais c'est vrai qu'il est rare de vivre aussi longtemps ensemble et dans le bonheur. » Elle était assez intelligente pour ne pas s'abaisser à lui chercher noise pour des broutilles.

Roger avait ses à-côtés. Il a même fini par reconnaître, en 2013, un fils caché, David Greenwald, né d'une liaison qu'il avait eue à soixante-quatre ans alors qu'il était marié à Christine. Lors d'un de ses voyages avec le Club des anciens de Djerba, une femme avait appelé Roger : « On s'est connus il y a quelques années, tu peux m'accorder cinq minutes ? » Elle s'était présentée avec un enfant d'environ cinq ans, le sosie de Roger, en précisant qu'elle ne demandait rien mais qu'elle voulait qu'il sache... Roger n'a pas vraiment essayé d'avoir de liens avec le garçon. En aurait-il eu plus s'il s'était agi d'une fille ? David a grandi, est parti étudier aux États-Unis, puis a repris contact avec son père, les dernières années de sa vie. Roger en était heureux. Ils se sont parlé avant qu'il ne soit trop tard. David était à la synagogue pour lui dire adieu.

Christine savait fermer les yeux, elle comprenait son besoin de séduire comme son grand besoin d'amour, d'amis autour de lui. Lorsque Henri Tisot, grand copain de Roger, appelait chez eux et que Christine répondait, elle lui disait, sachant l'affection qu'il avait pour son camarade : « Je te passe ton fiancé ! » Elle n'a jamais cherché à contrarier sa liberté. Elle l'aimait d'un amour inconditionnel, lui pardonnant tout, lui assurant ce cocon féminin dont notre tendre avait besoin.

Alain Delon avait trouvé une formule qui résumait bien ce couple hors norme: « Une femme exceptionnelle pour un être exceptionnel. »

Ensemble, ils ont connu les hauts et les bas du métier. Ils ont parfois dû vendre leurs biens. « Deux fois nos appartements ont dû y passer, racontait Christine, pour rembourser les six millions de dettes que j'avais accumulées à cause de films "ratés"… Il a dû en faire des tournages, Roger! »

Elle était la première lectrice de ses romans. Dix ouvrages, en plus de son autobiographie, *L'Ours en lambeaux*. Elle se montrait aussi critique que bienveillante. Elle était également la productrice du film qui lui tenait tant à cœur, *Soleil*, relatant son enfance algéroise.

Il n'avait qu'un souhait: que tous deux meurent ensemble. Lui qui craignait tant la solitude n'a pas été écouté.

Quand elle partirait, je savais que Roger en souffrirait beaucoup. Toute sa vie, il avait eu le sentiment d'être pris en charge, de Titine à Christine, d'être un homme en perpétuelle recherche d'une mère, un « assisté », avouait-il volontiers, reconnaissant aimer ce rôle: « C'est mon emploi. » Il redoutait par-dessus tout l'éventualité de l'absence. « Ma peur de l'avenir, répétait-il, n'est liée qu'à la solitude. » Il jurait même qu'il se laisserait aller: « Seul, je ne serais rien. »

Il ne s'est jamais remis du décès de Christine. Une partie de sa joie s'est envolée avec elle. Trois ans après sa mort, Roger déclara dans *VSD:* « Elle est plus qu'un souvenir, c'est une présence. Regardez autour de vous dans ce bureau qui était le sien, elle est là: ce châle, ces fleurs blanches, c'est elle, je perpétue sa présence, sa vie. Elle continue à jouer son rôle. Elle vient quand il le faut, quand j'ai besoin. Pas sur le plan professionnel, c'est plus profond que ça. Elle intervient plus comme mentor, comme règle de vie. Finalement, je suis un être assez abstrait… Moi qui ai passé des décennies à la voir assise derrière ce bureau, je n'ai pas besoin d'un gros effort d'imagination pour la faire apparaître. C'est quelque chose de quasiment tangible. Ce châle que vous voyez, j'en arrange le drapé tous les matins. J'en change aussi de temps à autre… Elle continue de vivre ici… Elle a été la plus belle femme que j'ai tenue dans mes bras, la plus belle. » Et à la dernière question de l'intervieweur Gilbert Jouin : « De quoi êtes-vous le plus fier ? », il a ces mots : « Sans aucune hésitation, ma plus grande satisfaction, c'est d'avoir rendu ma femme heureuse. »

Je suis allée déposer une rose, blanche comme l'avait précisé Roger, sur le cercueil de Christine. Ce jour-là, je l'ai vu pleurer pour la première fois. C'était en 2002, le 25 octobre.

L'Amour avec un grand A

Il me le disait souvent : « Christine illumine ma vie. » Cela aurait pu sonner comme une formule, si je n'en avais été témoin durant deux décennies. J'avais onze ans quand j'ai aperçu Christine pour la première fois à l'occasion d'un pot de fin de tournage à Bezons. J'ai su immédiatement que c'était elle et j'ai vu combien mon Roger était fier ! Toujours à ses côtés, ne la quittant pas des yeux, buvant ses paroles avec ce petit sourire plein d'amour et d'admiration. Jack Lang le constatait aussi : « Je n'ai jamais vu un homme aussi amoureux. »

Christine avait souvent les yeux cachés derrière des lunettes fumées. Sa voix était posée, d'une douceur extrême. On disait pourtant que c'était une femme à poigne, mais rien ne semblait entacher sa sérénité. Avec le temps, j'ai voulu savoir, le sonder. Était-ce possible un couple pareil ? Oui. Et il ne mentait pas. Je n'avais devant moi qu'un homme éperdu d'amour. Il me parlait de son travail de productrice, des difficultés comme des succès, il ne diminuait pas pour autant la part qu'il jouait un peu dans cette réussite. Quand il s'interrogeait sur le bien qu'il avait fait dans sa vie, sur les actions positives qu'il laisserait derrière lui, il lui arrivait de se reprocher de n'avoir pas forcément « contribué à la liberté des uns ou des autres ». Mais il ajoutait : « Sauf peut-être de ma femme, par une espèce de respect attentif et constant de sa personnalité. »

Voilà : tout était résumé. Ce pour quoi leur couple rayonnait. Je n'avais jamais vu cela chez moi. Un homme pouvait donc être fier de sa femme ? Un mari pouvait donc aimer et encourager cette femme dans ses passions ? Faire en sorte qu'elle se sente valorisée ? C'était tellement encourageant pour l'adolescente que j'étais alors. Je découvrais que mon modèle parental n'en était pas un, qu'il était plutôt un contre-modèle. Roger, sans le vouloir, m'a peut-être sauvée du cercle vicieux : reproduire à mon tour un couple aussi peu harmonieux que celui de mes parents. Et même si la vie, puis le divorce de mon père d'avec ma mère quand j'ai eu vingt ans, m'ont empêchée de croire aux contes de fées, j'ai toujours caressé ce désir : vivre une aussi belle histoire que celle de Roger et Christine.

À la ville comme à la scène

J'ai grandi près de lui. Il a mûri et vieilli près de moi. Une vingtaine d'années de tournage, de complicité, sans heurts ni fâcheries. Un sacré privilège. Vingt années et autant de métamorphoses. Au début de la série, j'étais la gamine qui attendait le retour de son Dada, le soir, dans l'appartement familial et courait à sa rencontre. J'aimais cette course qui finissait dans ses bras. Souvent mon commissaire de papa arrivait si tard que j'étais au lit et il ne manquait pas de venir m'embrasser. À jouer des scènes où la plupart du temps j'étais couchée, je n'avais pas besoin d'autres costumes que des pyjamas et des chemises de nuit. En grandissant, mon portant s'est étoffé. Surtout avec les chemises de mon commissaire de père. Classique de l'adolescente qui pique les fringues de papa – comme je le faisais du reste chez moi –, bien larges, bien camouflantes. Celles de Roger me servaient plutôt de robes ! À ma demande, il m'en a même offert une, blanche, douce, avec laquelle j'ai longtemps aimé traîner chez moi. Ces chemises cachaient… mes rondeurs. Ben oui. Est-ce par mimétisme ? Ou parce que je profitais moi aussi un peu trop des caramels, chocolats et repas de fin de tournage offerts par Roger ? Je me suis enrobée, un peu trop aux yeux de mes parents, mais comme mon Rodgeur disait m'aimer comme ça, je ne me privais pas ! Néanmoins, avec le temps, je suis devenue un peu trop grande et lourde, pour sauter dans les bras de Dada. Sur le plateau, on admirait sa patience, on se demandait quand il allait craquer. Un jour tout de même, il a osé demander au réalisateur s'il ne serait pas bon de modifier le scénario, suggérant que ça faisait peut-être un peu bizarre, non, cette grande fille qui continuait à lui sauter ainsi dans les bras ? On a tous éclaté de rire, le félicitant d'avoir tenu si longtemps.

Puis Yolande, comme moi dans la vraie vie – laquelle des deux a influencé l'autre ? –, s'est mise à étudier le droit à la fac, a passé son barreau et est devenue avocate. D'ailleurs, Yoyo – j'avais aussi droit à ce surnom – a obtenu son permis de conduire quelques mois après que j'ai eu le mien… La vie ressemble parfois à un épisode de série télé.

Si je ne lui sautais plus dans les bras, je continuais, hors caméra, à me blottir contre lui sur le canapé du décor, lieu de nos confidences. Pendant les scènes, il aimait que je lui enlève ses chaussures. Ça lui évitait de se baisser et lui rappelait sa fille qui le faisait quand elle vivait sous son toit. Notre décor à nous était notamment composé de deux fauteuils club. De ceux, irrésistiblement confortables, trop bas et profonds dont il est difficile de s'extirper. J'avais pris l'habitude de l'aider. Au début, je m'y prenais mal, je tombais à la renverse ou affalée sur lui. Avec l'entraînement, nous avons trouvé la bonne méthode : le dos en arrière, la main bien tendue, un regard échangé, et hop, simultanément nous donnions l'élan qu'il fallait. Roger s'extirpait du fauteuil presque avec grâce.

Sur le canapé de nos confidences, j'avais souvent droit au fameux « Navarro, j'écoute ?! » pour recueillir mes histoires de cœur. Ce que je n'aurais jamais raconté à mes parents, je pouvais le dire à Roger. Il avait l'oreille, et l'œil. Il était le premier à repérer les beaux gosses parmi les figurants et à me demander comment je les trouvais. Par pudeur, ou flatterie, je lui répondais invariablement qu'aucun ne lui arrivait à la cheville ! Il partait de son bon rire. Son orgueil de père d'adoption était préservé.

En fait, adolescente, le seul garçon que je lui ai présenté, c'était pour de faux. Pour la caméra cachée de Nancy Béliveau, fille du célèbre Marcel, et l'émission « La télé s'amuse ». Étant proche de Roger, l'équipe pensait que j'arriverais à le faire tourner en bourrique. À cette époque, je commençais à avoir des petits amis, nous avons donc monté un piège en nous servant de cette réalité. Le « pitch » était simple : je devais le retrouver sur le tournage un jour où je ne travaillais pas, et l'inviter à déjeuner afin de lui présenter mon « petit ami ».

Le restaurant, À la cigogne d'or, avait été truffé de caméras et de micros soigneusement cachés dans les murs, les vases, les serviettes... J'en portais également trois sur moi. Le voilà qui arrive, m'embrasse. Je croise les doigts pour que rien n'entrave les trois semaines de préparation du piège. Je le sens un peu mal à l'aise à l'idée de rencontrer mon prétendant. Il était convenu que ce dernier, un comédien, Paul Clément, que j'avais casté avec l'équipe de Béliveau, se montre détestable. J'avais choisi, parmi trois comédiens, un garçon brun aux yeux bleu-vert, pour être le plus crédible possible : Roger savait que je les aimais ainsi. Je le présente à mon petit ami qui, au lieu de dire bonjour, lance : « Ah oui, il est costaud ! » Tête de Roger. Ça commençait fort. Ensuite, je choisis un plat qui n'est pas sur la carte et, sans attendre, il me rembarre d'un « T'es jamais contente ! ». Il s'agace de la lenteur du serveur, critique le choix du restaurant, me fait remarquer que je fais du bruit quand je bois, etc. Le mec exécrable. À un moment, comme il s'éloigne pour aller aux toilettes, Roger, n'y tenant plus, me lâche aussitôt que c'est un vrai petit con, que je dois le quitter sur-le-champ. « Largue-le ! » me répète-t-il trois fois. J'écoute, je ne suis pas loin d'approuver, et puis, soudain, je le coupe pour m'éloigner : j'ai un coup de fil ! C'est alors que mon petit ami revient des sanitaires et en profite pour s'excuser auprès de Roger. Il lui explique – mais attention, c'est top secret, il ne faut rien me dire – que, s'il se comporte de la sorte, c'est pour que je ne devine pas qu'il est en train de me préparer une surprise : sa demande de fiançailles ! Aussi romantique que maladroit, ce que Roger ne manque pas de lui dire. Mais, attendri par le garçon, il se met à prendre sa défense quand, de retour parmi eux, je commence à l'envoyer paître ! Je ne veux rien entendre, une scène de ménage éclate. Roger, qui, deux minutes auparavant, me persuadait de le quitter, tente maintenant de nous rabibocher. Sans succès. Je m'emporte, jette un verre d'eau à la figure de mon futur ex-fiancé, vais jusqu'à lui casser une bouteille (en faux verre) sur la tête. Désemparé, choqué, Roger se lève et essaie à nouveau d'arranger la situation en me révélant le secret de la demande de fiançailles. « Mais, calme-toi, ce petit con veut te demander en mariage !! » À ce moment-là, je lutte tellement contre le fou rire, que, n'en pouvant plus de le voir souffrir, je craque et lui annonce la fin de son cauchemar. Il a été piégé ! Soulagé, mon Rodgeur. Et finalement heureux de la plaisanterie. Il retournera sur le plateau terminer sa journée de commissaire et racontera à l'équipe, encore un peu chamboulé, ce que je venais de lui faire subir. L'équipe savait déjà. Je les avais mis dans la confidence, histoire qu'ils ne s'étonnent pas de la durée inhabituelle de notre pause déjeuner. Quelques jours plus tard, Roger en riait encore, me rappelant ses paroles de père bienveillant : « Largue-le, Emmanuelle ! Largue-le ! » Il avait marché à fond, baladé comme un débutant : « Ça, j'ai été eu ! C'était parfait ! » Je lui ai promis que le prochain que je lui présenterais ne serait pas de cette trempe-là. Si on m'avait dit que ce prochain, c'est lui qui le trouverait ! Et que ce serait pour la vie…

Ciel, un mari !

En avril 1996, Roger décide de monter *Tartuffe* de Molière. Rôle qu'il rêvait d'interpréter depuis longtemps. Il me confie celui de la jeune première, Marianne. J'ai dix-huit ans, je n'étais pas montée sur scène depuis mes premiers pas dans *La Leçon*. Marianne est mon premier rôle classique avec robes à corset et alexandrins. La première a lieu à Pau, comme il se doit, et est suivie d'une tournée d'une soixantaine de dates. Je me réjouis de partir sur les routes avec une troupe chapeautée par mon Roger. Claude Brosset doit interpréter Orgon. Un fort caractère lui aussi. Avec Roger, ce fut parfois houleux, genre choc des Titans. Mais l'admiration qu'ils se portaient mutuellement les réunissait avec bonheur à chaque représentation. Restait Valère, celui que Marianne rêve d'épouser, n'en déplaise à son Orgon de père qui s'est mis en tête de la marier à Tartuffe. Roger s'était arrêté sur un certain Antoine Jacoutot. Comme il l'avait fait quatorze ans plus tôt avec moi, il l'a choisi parmi les trois derniers sélectionnés par son assistant.

Antoine rentrait d'une année de formation à l'Actor's Studio de New York, il était sur le point de s'installer définitivement là-bas. En attendant, il avait participé à ce casting. Roger m'a demandé s'il me convenait à moi aussi, j'ai dit oui, il l'a embauché.

Pendant les répétitions, pas de coup de foudre. Certes, il est brun, et je les préfère ainsi, mais on ne peut pas dire qu'il se donne du mal pour essayer de plaire. Ne parlons pas de ses efforts vestimentaires : tout simplement inexistants. Puis, magie des tournées, on se met à partager nos journées comme nos soirées, des affinités se créent et, au fil des jours, nous n'avons plus vraiment besoin de nous forcer pour jouer de tendres sentiments. Le coup de cœur sur scène se poursuit en coulisses.

Roger, fine mouche, y est allé d'abord d'un « Le Valère, là, il commence à te faire les yeux doux, tu le sais ? ». Il s'était rendu compte avant moi que nous en pincions l'un pour l'autre. Il faut dire que nous passions beaucoup de temps ensemble et que, d'après Roger, j'avais droit à des regards éloquents… Nous étions loin d'imaginer que, quelques mois plus tard, nos deux noms seraient accolés sur la même boîte aux lettres. Encore moins que nous aurions deux enfants.

Mais nous n'en sommes pas là. À peine en étions-nous aux œillades que Roger n'a pu s'empêcher de jouer les pères protecteurs. Pour le possessif qu'il était, nous le mettions à rude épreuve. Je l'ai su plus tard mais Antoine a eu droit à une « convocation » durant laquelle Roger l'a questionné et mis en garde sur le comportement à adopter au cas où il deviendrait mon petit ami. J'avoue que j'aurais bien voulu assister à la scène ! Elle aurait pu en faire fuir plus d'un, heureusement pas Antoine.

Au début, par pudeur ou pour ne pas rendre Roger trop jaloux, nous sommes restés le plus discrets possible. Peine perdue : Roger devinait tout. Il a même cherché à attiser la jalousie d'Antoine en lui faisant croire que nombreux étaient ceux qui me tournaient autour. Peu à peu, il s'est fait une raison et s'est effacé : en père bienveillant, il avait dit ce qu'il avait à dire ; il nous laissait désormais vivre notre belle histoire.

Deuxième partie de la tournée, plus de jeu de cache-cache avec Roger. On l'a vécue en amoureux et cela reste un de mes meilleurs souvenirs. Les deux hommes que j'aimais le plus au monde partageaient mes journées. Roger ne pouvait cependant s'empêcher, au moment de faire le plan de table de nos dîners, de m'asseoir à ses côtés alors qu'Antoine était relégué à l'autre extrémité. Encore heureux qu'Antoine ait été comme Roger le souhaitait : un homme gentil. Selon lui, c'était même la qualité première que je devais rechercher chez l'homme de ma vie. Et c'est lui qui me l'avait trouvé !

C'est après une représentation à Montreux – la ville, romantique à souhait, s'y prêtait bien – qu'Antoine et moi avons commencé à… économiser nos défraiements en partageant la même chambre. Nous ne nous sommes plus quittés.

Moi qui n'étais pas du genre à croire aux contes de fées, là, j'étais servie. De retour de tournée, à peine nos bagages récupérés sur les tapis à Orly, nous avons pris aussi sec un billet d'avion pour la Guadeloupe ! Nous venions de nous rendre compte que nous avions la même manie : ne jamais nous séparer de notre passeport « au cas où ». On s'est donné raison en achetant deux « billets coup de folie ». Et, dans la foulée, nous reprenions un 747, destination les Tropiques.

Quand, quelques mois plus tard, j'ai emménagé dans mon tout premier appartement parisien, Antoine est naturellement venu le partager avec moi. Une évidence, qui l'était aussi pour la troupe, persuadée que notre histoire irait loin. À vrai dire, nous n'en savions rien. J'avais dix-neuf ans, lui vingt-trois, nous préférions vivre au jour le jour. Pas d'envie de mariage. Surtout pas pour les deux enfants de divorcés que nous étions. Finalement, nous nous marierons... deux fois ! La première, alors que j'étais gravement enceinte (de sept mois), devant le maire du Xe arrondissement de Paris. Pas de parents, pas d'alliances, seuls nos deux témoins chacun. La seconde, dix ans plus tard, avec nos témoins et, cette fois, nos deux enfants. Dans une chapelle de Las Vegas pour le fun. C'était un 9 août. Nous l'ignorions, mais c'est le jour de la Saint-Amour. Je finis par y croire, aux contes de fées...

Navarro grand-père ?

Après *Tartuffe*, tout à notre bonheur amoureux, nous avons enchaîné avec une autre tournée et un autre Molière, *Les Fourberies de Scapin*. Cette fois sans Roger. Antoine et lui avaient assez peu de liens et je les voyais le plus souvent séparément. Roger me demandait de ses nouvelles sans pour autant proposer de l'intégrer à sa « colonie de vacances » ou à sa « cour ». Antoine a eu l'intelligence de ne pas s'en offusquer. Il connaissait le personnage, savait surtout combien Roger comptait pour moi. Je poursuivais mes *Navarro*, Antoine se consacrait au théâtre. Pas de rivalité entre nous, pas de jalousie. Ces sentiments nous ont toujours été étrangers. Juste le bonheur de partager nos vies.

Trois ans passent. Lors d'un voyage à New York, nous décidons d'avoir un enfant. Presque de la même manière que nous avions décidé de filer en Guadeloupe : et pourquoi pas ! ? Bingo, trois mois plus tard, j'annonce ma grossesse à la production de *Navarro*. On se réjouit, on me félicite. Bonne, très bonne nouvelle. Qui sera cachée aux spectateurs de *Navarro*. Eh oui, malgré ses soixante-quinze ans, notre commissaire préféré n'allait tout de même pas s'afficher en grand-père ! Coup de vieux assuré. À mon septième mois de grossesse, on a donc dissimulé mon gros ventre derrière des vêtements amples. Je n'étais filmée qu'en gros plans, en aucun cas de loin ou de profil. Exit tout plan large, je l'étais déjà suffisamment.

Roger s'est montré très heureux pour moi, et plus encore quand il a su qu'il s'agissait d'une fille. « Les filles, c'est quand même plus rigolo ! » répétait-il sans cesse. Au point qu'un jour je lui ai demandé s'il n'aurait pas préféré être une femme. Il a éclaté de rire. Non, ce qu'il aimait c'est être – nuance ! – « un homme entouré de femmes » ! Comme il l'a toujours été finalement. Leur compagnie, leurs coquetteries, leurs jalousies l'amusaient au plus haut point. Alors qu'il n'était pas encore grand-père, que Maxime et Simon, les fils d'Isabelle, n'étaient pas nés, il disait : « Petite-fille ou petit-fils, vous serez également bienvenu, mais enfin... je crois que, si j'avais une préférence, j'aimerais mieux une petite-fille. » Il n'y eut pas de petite-fille. Peut-être ai-je comblé chez lui cette absence-là ?

Quand ma merveille est enfin arrivée, c'est toute l'équipe du tournage qui a pris un coup de vieux. Pour beaucoup, j'étais toujours la gamine qu'ils avaient connue à dix ans. Et voilà que la « p'tite » avait un bébé ! Choc. Ils n'avaient pas vu le temps passer. Moi non plus d'ailleurs, même si j'avais désormais vingt-deux ans.

L'équipe m'a offert la méga-poussette de luxe avec ces mots : « Voilà la voiture la plus rapide pour que ta fille soit la première. » Bolide qui resservira huit ans plus tard pour mon fils. Quant à Roger, il m'a fait parvenir tant de fleurs que, rentrée chez moi, j'avais l'impression d'être fleuriste ! « Les vases me manquent », lui ai-je dit quand je l'ai appelé pour le remercier. Et de me répondre qu'un unique bouquet, ç'aurait fait mesquin. Tout lui, ça.

Quand Léia était bébé, je l'emmenais avec moi sur les tournages. Entre deux prises, je l'allaitais dans la loge puis elle s'endormait, rassasiée, sereine, sous la surveillance de ma mère. Un luxe qui m'assurait une totale tranquillité d'esprit. Cela a duré neuf mois. Ensuite, soit on la confiait à l'une de ses grand-mères, soit son père s'en occupait. Antoine, qui venait de terminer une tournée dirigée par Jean-Claude Brialy avec *Le Sexe faible*, la pièce d'Édouard Bourdet, était d'ailleurs bien meilleur que moi pour changer les couches de notre fille. Aîné de sept demi-frères et demi-sœurs, il avait une expérience du baby-sitting plus solide que la mienne. Léia n'a jamais eu de nounou. Avec deux parents comédiens, il y en avait toujours un qui ne travaillait pas et pouvait s'occuper d'elle. Le relais se faisait au rythme des auditions, tournages, pièces de théâtre de chacun. Jusqu'à ce qu'Antoine se tourne vers son autre passion, l'informatique. Les propositions dans ce domaine étant plus nombreuses que les coups de fil de son agent, il a renoncé à ses premières amours, sans regret. Le milieu théâtral l'avait déçu : des projets rares, et peu enthousiasmants, l'angoisse de devoir plaire et d'être désiré, se coltiner les ego surdimensionnés des autres comédiens… Autant de bonnes raisons de voir ce qui se passe ailleurs.

Une fois Léia en âge de marcher et de gazouiller, Roger lui a fait le plus beau des cadeaux en nous emmenant toutes deux découvrir les tortues aux Seychelles. Un voyage idyllique. Après dix heures d'avion et dix minutes d'hélicoptère, à nous les plages de sable fin, le soleil, les poissons, les tortues… La carte postale. Nous étions à l'hôtel Lemuria où la direction, ravie d'avoir Roger Hanin comme hôte, nous a logés dans la suite présidentielle. Plage privée, trois piscines, je ne sais combien de chambres, bref, on avait de quoi s'égailler et se perdre. Le soir, au retour de nos escapades dans les îles voisines, Roger s'amusait de voir ma fille se mettre du vernis sur les ongles ou saccager son lit tiré au cordeau en faisant du trampoline dessus. Quand je lui disais d'arrêter, il m'en empêchait : « Regarde comme elle s'amuse ! » Rien de plus important pour lui que de préserver l'âme d'un enfant. Son âme d'enfant.

Ces moments privilégiés avec Roger m'étaient d'autant plus chers qu'il était devenu mon unique figure paternelle : je ne voyais plus mon père depuis cinq ans déjà. Lors du divorce d'avec ma mère, il s'était montré d'une rare violence avec elle. Je ne l'ai pas supporté. J'ai tenu à lui dire en face ce que je pensais, qu'il avait bien sûr le droit de la quitter mais aurait pu le faire sans se comporter comme le pire des goujats. On ne s'est plus revus. Je me suis alors souvenue des paroles de Patrick Jamain : « Merdeuse, la vie est courte. Il y a trop de gens bien pour perdre son temps avec les cons. » Il avait raison, j'avais mieux autour de moi : Roger, Antoine, ma fille, ma mère – qui depuis a refait sa vie et connaît enfin le bonheur d'aimer et d'être aimée… Seule ombre au tableau, mon père, sorti de ma vie ! Lui aussi a refait la sienne en tournant la page aussi facilement que je l'avais fait. Tout est donc bien qui finit bien.

Aucune amertume, aucun regret. Avec Roger, mon bouclier protecteur, j'ai appris le goût du bonheur.

Saint Pierre et le commissaire

Au départ, Tito Topin, le scénariste, s'était pris à rêver et avait imaginé un casting idéal : James Stewart ou Spencer Tracy pour interpréter Navarro. Judy Garland pour Yolande. Dire qu'ils ont fini avec la petite Boidron...

Quand le producteur Pierre Grimblat lui a annoncé qu'il avait choisi Roger Hanin, rencontré par hasard à Cannes, pour endosser les habits de Navarro, Tito Topin n'était pas enthousiaste. Il craignait que son personnage de pied-noir, véhiculé par les films d'Alexandre Arcady, n'encombre l'image de son commissaire. Il a suffi d'un déjeuner avec Roger chez Hamster Productions, la société de Pierre, pour que Tito change d'avis. Il sentait qu'il avait devant lui le flic en or, un humaniste qui comprend et respecte les minorités. À la question de Pierre Grimblat : « Vous êtes Navarro, vous avez du pouvoir et un pétard pour le faire respecter, quelle est la chose que vous jugez inacceptable ? » Roger a répondu : « L'humiliation. » Et c'est autour de ce concept qu'ils ont achevé la construction de son personnage. Un homme inflexible, implacable, dès lors que quiconque subirait une humiliation. Un rôle sur mesure. À l'instar de ses costumes confectionnés spécialement pour lui par la maison Smalto.

Pierre Grimblat et Roger s'appréciaient beaucoup. Pierre, notre père à tous, venait régulièrement sur le tournage. Il avait alors droit aux blagues de son acteur fétiche. Lors d'un déjeuner, Roger lui annonce soudain avec gravité : « Un jour, tu vas mourir, Pierre. Mais comme tu as été un homme parfait sur terre, que tu t'es bien conduit avec ton prochain, que tu m'as apporté la gloire et que tu as satisfait un nombre incalculable de femmes, tu auras le droit d'aller au paradis. Saint Pierre t'accueillera personnellement et il te dira : "Pierre Grimblat, vous avez produit beaucoup de films mais vous n'avez jamais eu les moyens de faire LE film que vous vouliez. Dieu en personne m'a chargé de vous dire : ici, vous allez produire le film que vous voulez, le plus grand film qui ait jamais été tourné. Vous pouvez choisir Hitchcock, Ford, Truffaut pour le réaliser, vous avez Shakespeare ou Molière comme scénariste, Gary Cooper, Humphrey Bogart, Marilyn Monroe au casting, pas de restrictions de figurants, de décors. Justement pour le décor, prenez Léonard de Vinci, il s'ennuie un peu. Pour le financement, allez voir Rockefeller de ma part." Un temps, puis soudain saint Pierre, en regardant à droite et à gauche pour que personne ne l'entende, te dira à l'oreille : "Il y a seulement une obligation, Pierre Grimblat. Dieu fréquente en ce moment une petite starlette blonde qui n'a pas encore fait de cinéma mais qui a du talent bien réparti comme il faut, et il voudrait en faire la vedette du film…" » Pierre, pas le saint, mais le nôtre, s'étouffait de rire. Le reste de l'assistance aussi.

Sacré producteur que Pierre Grimblat. Il avait réponse à tout. Quand Patrick Jamain se plaignait que les plafonds du studio étaient trop bas, il lui répondait que c'était un avantage, que cela interdisait les contre-plongées inutiles, l'obligeait à filmer à hauteur d'hommes, bref à servir les personnages. Comme souvent, la suite lui donnait raison.

Les dessous de *Navarro*

Patrick Jamain ne fut pas le seul réalisateur des cent huit épisodes de *Navarro*. Il y en eut une dizaine d'autres. Josée Dayan – et son cigare –, la fameuse réalisatrice du *Comte de Monte-Cristo* avec Gérard Depardieu ou encore des *Rois Maudits* avec Philippe Torreton et Jeanne Moreau, nous a fait tourner deux fois en 1991. Le doux Édouard Molinaro (*Mon oncle Benjamin*, *L'Emmerdeur*, *La Cage aux folles*) en a signé deux autres. Mais aussi Gérard Marx, Nicolas Ribowski, José Pinheiro, Jean Sagols, Gilles Béhat... Chacun à sa façon, tout en gardant l'esprit de la série, lui insufflait un vent nouveau. Quand Patrick Jamain était aux manettes, soit le plus souvent, et qu'il y avait un match de foot à la télévision, on pouvait être sûr que tout serait plié à 19 heures. La production n'a jamais eu à payer d'heures supplémentaires. À l'inverse, avec Nicolas Ribowski, les discussions, commencées entre les prises, se prolongeaient *ad vitam aeternam*. Il disait que c'était pour permettre à Roger de se reposer. Soit. Les bavards et leurs alibis... Seule l'arrivée du directeur de production sur le plateau de tournage, moyen de mettre la pression à l'équipe au repos, mettait un terme aux papotages.

Beaucoup de comédiens sont également « passés » sur *Navarro*. Près d'un sur dix, disait-on... Chaque épisode avait ses « *guests* » (invités). Célèbres comme Gilbert Bécaud, George Moustaki, Michèle Laroque, Agnès Jaoui, ou moins connus, qui n'allaient pas tarder à le devenir, comme Dany Boon (dans « Coup bas » en 1994), Clovis Cornillac (« En suivant la caillera », 1993), Guillaume Gallienne (« Johnny Banane », 1995), Max Boublil (« L'émeute », 1999) ou le regretté Jocelyn Quivrin (« Meurtre en famille », 1999), avec qui j'avais tourné quelques années plus tôt une série pour enfants.

Navarro était diffusé dans plus de quarante pays, de l'Islande à l'Australie, l'Italie ayant été le premier à le proposer. Cela nous a valu une vidéo amusante projetée par la production lors d'un pot de fin de tournage. On y voyait une suite de nos scènes jouées dans toutes les langues. On s'est entendu parler en allemand, en japonais, en portugais... Plus que le changement d'idiome, ce qui nous faisait rire c'était de découvrir les différences de tessiture. Roger avait toujours une grosse voix bourrue. La mienne, au contraire, était fluette, voire très aiguë. On aurait cru entendre Grand Ours et Petit Ours de *Boucles d'or*...

Roger était conscient que si cette série rencontrait un tel succès, ça ne tenait pas qu'à ses acteurs principaux ou à la qualité du scénario. La partie moins visible de l'iceberg, l'équipe technique, y était pour beaucoup. Pas question de la négliger. Il avait eu son mot à dire pour le choix des comédiens, mais il portait aussi attention à ceux qui œuvraient dans l'ombre. L'atmosphère sur le tournage en dépendait, il le savait. Comme il appréciait de travailler avec les mêmes, il encourageait leur fidélité. Olivier Guarguir, par exemple, n'a raté aucun épisode. Il a commencé jeune électro, puis est devenu chef. Les troisièmes assistants, qui revenaient, passaient deuxièmes… Quant à notre costumière, la délicieuse Linda Guégan, elle l'aura été du premier au dernier jour. Avec Patrick Jamain, qui n'a pas résisté bien longtemps à son charme, ils restent notre plus beau « couple *Navarro* ».

Les plus choyés à Bezons ? Devinez. Sans conteste Roger, et moi. Roger en tant que patriarche, moi en tant que benjamine. J'avais beau être bachelière, puis interpréter une étudiante en droit et devenir avocate, j'étais toujours la gamine, il était toujours l'ancien. Un ancien qu'au fil des épisodes on ménageait de plus en plus. Quelques années après le début de la série, on lui avait octroyé une doublure lumière, David, un gaillard aussi grand que lui. Il était inutile que Roger se fatigue à rester debout pendant le réglage des projecteurs. Le problème, c'est qu'une fois assis il lui fallait quelqu'un avec qui discuter. Immanquablement, il me demandait de m'installer à ses côtés et à une personne de l'équipe de bien vouloir faire ma doublure : « Tiens, Marco, remplace la p'tite, ça te reposera. » Pas vraiment, en fait, car, pour se mettre à ma taille, il devait plier les genoux durant de longues minutes. De quoi avoir des cuisses en béton.

Nous tournions en « film » et non en vidéo, ce qui exigeait de bichonner les lumières et de vérifier aussi, après chaque clap de fin, s'il n'y avait pas de « poil » sur la pellicule, c'est-à-dire de poussière enquiquinante qui ensuite s'agite sur grand écran. Quand Roger était content d'une prise, il se tournait vers l'assistant opérateur en lançant : « Toi, si tu me dis qu'il y a un poil, je t'étrangle ! » Sur la quantité d'épisodes, il est tout de même arrivé qu'il y en ait un, et qu'on soit obligés de refaire une prise. Mais je vous rassure, Roger n'est jamais passé à l'acte. Ensuite, les cous des techniciens n'ont plus eu à craindre les deux grandes paluches de Roger : on est passé au numérique puis à la HD ou Haute Définition en 2003. C'en était fini du poil.

Lors de nos fameuses scènes finales, comme il nous arrivait d'improviser, les réalisateurs ne savaient plus trop quand lancer « Coupez ! ». Il faut dire que, la plupart du temps, nous les modifiions, nous les prolongions. Pour leur montrer qu'on avait terminé, on avait instauré un protocole : à la fin de notre dialogue, Roger et moi, nous nous prenions dans les bras, puis on se figeait, comme l'image de fin sur l'écran télé, en chantant le générique de *Navarro blues : la lala lala la, la lala lala la*... bien vite rejoints par l'équipe qui aimait le fredonner avec nous. Rituel immuable.

Navarro était une fête. Tout était prétexte à s'amuser. Fin de tournage, festivals, avant-premières, changements de saison... On ne ratait aucune occasion pour trinquer, danser, se rassembler... Cela a commencé en septembre 1989, avec le tout premier épisode de *Navarro*, « Folies de flic ». On avait eu droit à une avant-première prestigieuse à la SACEM (Société des auteurs, compositeurs et éditeurs de musique), en présence de tout le gratin du PAF, mais aussi d'hommes politiques, dont notamment Pierre Joxe, alors ministre de l'Intérieur.

En plus des pots de tournage, chaque année, nous fêtions l'anniversaire de la série. La plupart du temps à Bezons, dans le Bistrot de Ginou. Pour les dix ans, les réjouissances eurent lieu au Fouquet's. Un énorme gâteau, entouré de magnums de champagne, étiquetés «*Navarro* fête ses dix ans», nous y attendait. Avaient été conviés tous ceux qui, depuis le début ou seulement le temps d'un épisode, avaient participé à la série. Ce qui faisait beaucoup de monde. Quelques discours, la traditionnelle photo de famille et, tous ensemble, nous avons soufflé les bougies. Ne manquait plus que le feu d'artifice. Une belle fête.

Pour le centième épisode, une émission spéciale, présentée par Jean-Pierre Foucault sur TF1, a fait office de célébration. À cette occasion, Roger, pourtant très ému, saura trouver les mots. À la fois drôles et touchants comme toujours: «Auquelin, Blomet, Bain-Marie, Borelli ont arrêté tant de malfrats qu'on se demande si ça vaut le coup de conserver le ministre de l'Intérieur!» Puis: «Merci à Ginou, pour ses bons coups sur le zinc, et à Yolande, ma fille adorée, pour son charme et sa grâce.»

Passage de flambeau

Mon personnage, Yolande, ressemble bien sûr beaucoup à son commissaire de père. Moralement, s'entend. Elle a le même sens de la justice, le même souci de se battre pour la veuve et l'orphelin. Dans un premier temps, elle défend les sans-papiers, puis choisit d'être avocate. Dada s'en réjouit d'ailleurs : pas question que sa fille suive sa voie dans la police, il connaît trop les risques de son métier. Je tournais donc peu avec les mulets et fréquentais rarement le « commissariat », *alias* « l'usine ». Sauf en 2003, dans un épisode où mon personnage débarque dans la brigade de son père en tant que stagiaire et obtient sa carte de flic ! Que j'ai toujours… dans une boîte. Pas question de l'en sortir. C'est une vraie, avec Yolande Navarro écrit dessus. L'accessoiriste qui me l'a offerte m'a fait promettre de ne jamais m'en servir. Promis, pas envie de me retrouver au poste pour de vrai.

C'est au cours de cette enquête que Yolande tombe sur une photo, récente, de sa mère, Marinette, qui a disparu de leur vie dix-huit ans plus tôt sans qu'on sache bien pourquoi. Jusqu'alors, sa présence se résumait à une vieille photo posée sur le bureau dans l'appartement – c'est la comédienne Marie Lenoir, que je rencontrerai lorsqu'elle partagera l'affiche au théâtre avec mon Antoine à moi, qui lui prête ses traits. Antoine Navarro, qui vient à bout de tous les mystères, reste impuissant à retrouver sa femme. Un vieil ami lui fait remarquer dès le premier épisode : « Tu ne sais même pas si elle est morte ? » Sa réponse : « Non, elle est vivante. Quelque part dans ces lumières », en désignant Paris du haut de son trentième étage.

Il élève donc sa fille seul. Une absence maternelle que Yolande ne vit pas toujours bien. Petite, elle tague les couloirs de l'immeuble, vole une montre… À douze ans, alors que son père est en passe de retrouver Marinette, dans l'épisode « Cimetière des éléphants », Yolande dit refuser de la revoir. Elle considère son retour comme une intrusion dans sa vie de couple avec son papa-poule(t). On en apprendra plus, en 2005, dans un hors-série intitulé « Mademoiselle Navarro ». Yolande, devenue avocate, plaide son premier procès. Elle doit défendre un jeune garçon, Arno Loffeur – joué par Arthur Jugnot –, ce qui la ramène à la mystérieuse Marinette : le jeune homme se révélant être son demi-frère.

Avec ce hors-série, Roger s'était mis en tête qu'il pourrait passer le flambeau. Les années passant, il montrait des signes de fatigue, tournait de plus en plus souvent assis. D'où la décision collégiale, de la production comme de Roger, de rajeunir les « mulets », plus à même d'aller sur le terrain à sa place. Exit la vieille brigade. Au tour de Marie Fugain, Filip Nikolic et Anthony Dupray de traquer les malfaiteurs. Le commissaire, lui, faisait les interrogatoires dans son fauteuil. Plus rapides – de 90 minutes ils sont passés à 52, ces épisodes, diffusés du 28 juin 2007 au 24 mars 2009, ont aussi changé de nom : *Brigade Navarro*.

Depuis la disparition de Christine, Roger avait perdu de son allant, et puis, comme nous tous, il ne rajeunissait pas. Les trous de mémoire s'enchaînaient. Je le chambrais en lui disant qu'il allait bientôt nous offrir ce fameux Cristal Roederer si, par sa faute, nous devions recommencer. En temps normal, il ne fallait que deux ou trois prises. Leur nombre augmentait. Lui qui avait appris et dompté les plus grandes tirades classiques au théâtre se sentait mal. Chacun devinait son désarroi. On avait beau le rassurer en lui disant qu'à plus de quatre-vingts ans on ne pouvait avoir la mémoire de ses vingt ans il a préféré prendre les devants en nous annonçant qu'il allait arrêter. Il s'est fixé le 31 octobre 2008, dernier jour de tournage de *Brigade Navarro*. Le lendemain, il l'a annoncé sur l'antenne de RTL : « Je ne tournerai plus, je ne veux plus être acteur. » Et l'enfant d'Alger, né sous le soleil, celui dont sa sœur Annie disait : « Roger ne peut être malheureux longtemps », de s'empresser d'ajouter : « Il n'y a ni amertume, ni nostalgie. J'ai fait mon tour, comme on dit. J'ai terminé. J'ai eu une carrière mirifique au sens littéral du terme. J'ai joué Othello, Macbeth, tous les grands auteurs, Pirandello, Beckett, Claudel, j'ai joué des grands rôles, je ne vais pas me mettre à bégayer. » À la question de l'après-*Navarro*, il a eu cette réponse : « J'ai un grand projet : je vais vivre ! Sortir dans les grands restaurants, faire des voyages, lire, écrire, profiter du pognon que j'ai amassé sans avoir le temps de le dépenser jusqu'à maintenant. J'entre dans l'antichambre du paradis. »

After show

Après vingt années passées sur une même série, il n'est pas évident de tourner la page. Il faut reprendre ses marques, s'habituer à ne plus aller à Bezons, ne plus se précipiter pour embrasser Roger, renoncer aux confidences sur le canapé de tournage… Plus de « Moteur », plus d'« Action ». Un dernier « Coupez » et c'est le clap de fin. Une équipe se retrouve au chômage technique, obligée de repartir vers de nouvelles aventures. Cet arrêt n'était bien sûr pas une surprise. À chaque pot de fin de tournage, on se disait que cela pouvait être le dernier. Il y avait déjà eu *Brigade Navarro* avec ses départs, ses changements, et comme la série était bâtie essentiellement sur Roger… Il n'y eut pas d'amertume, et même si nous aurions tous aimé rempiler pour une énième saison, même si ce ne fut pas facile de se dire au revoir après tant d'années, on avait conscience d'avoir eu de la chance.

Pour ma part, je savais que la fin de *Navarro* ne signifiait aucunement la fin de mes liens avec Roger, que je le verrais autant que je voulais, autant qu'il le souhaitait. Ce serait juste sans scénario, loin des projecteurs et des caméras.

Heureusement, pour m'aider à passer le cap, j'avais déjà embarqué sur un autre bateau de croisière avec la célèbre pièce de l'Américaine Eve Ensler, *Les Monologues du vagin*, créée pour la première fois en France par Fanny Cottençon en 2000. Roger était venu pour ma première au Théâtre de Paris. Ses applaudissements comme son jugement m'étaient nécessaires. Le voir dans la salle, la mine réjouie, les mains croisées devant son visage, n'avait pas de prix pour moi. Le texte, si féminin, l'avait conquis. Il avait écrit, cinq ans auparavant, *Dentelles*[1], roman dans lequel il regrettait l'ostracisme qui touche le sexe féminin. Une fois dans nos loges, il n'en finissait pas de nous féliciter, Myriam Boyer, ma partenaire, et moi. Il avait été touché, avait ri. Il nous a même avoué avoir appris des choses. Ce grand connaisseur des femmes n'en revenait pas. En somme, il était très fier que je joue cette pièce… à la différence de ma grand-mère. J'ai cru qu'elle allait faire une attaque quand elle l'a appris ! Elle pensait que je me lançais dans une carrière pornographique : « Ah bon, tu es sûre, tu n'as rien trouvé de mieux ? » Grande curieuse, ça ne l'a pas empêchée de venir m'applaudir, de constater que les trois comédiennes de la pièce étaient habillées du début à la fin, et de passer une excellente soirée. En sept années de *Monologues*, j'ai découvert une autre famille. De femmes, ce coup-ci. Entre-temps, j'ai tourné *Les Liens du sang*, téléfilm dans lequel je suis à nouveau avocate, et fille d'un autre père formidable, Pierre Arditi. Oui, pas très violent comme

1. *Dentelles*, Grasset, 2000.

changement… D'autres aventures ont suivi, une série d'été pour France 2, *La Prophétie d'Avignon*, un téléfilm étranger, *Tarragone*, un autre pour TF1, *Bébé à bord*, qui avait eu la bonne idée de nous réunir, la fille de Julie Lescaut, Jennifer Lauret, et moi pour interpréter deux sœurs. Puis un rôle dans *Camping Paradis*… Côté coulisses, le conte de fées se poursuit avec Antoine : en 2009, nous attendons notre deuxième enfant, un garçon. Huit ans après Léia. Le choix du roi. Nous l'appellerons Arthur.

J'appelais Roger ou il me téléphonait, me demandait de le rejoindre à telle adresse pour déjeuner ou dîner, et je l'y retrouvais seul ou avec certains de la bande. Il aimait nous régaler Chez Goldenberg, le célèbre restaurant de cuisine juive tenu par Jo dans le IVe arrondissement de Paris, comme dans un petit bouiboui du coin où il avait repéré un bon couscous. Quand, à son tour, il venait chez moi, il arrivait les bras chargés de gâteaux.

Chaque année, il nous invitait, ma fille et moi, au Cirque d'hiver pour voir un spectacle de Bouglione. Il tenait à ce que Léia connaisse cette féerie populaire, mélange d'efforts et de grâce. Tradition que je perpétue toujours. J'essaie aussi, comme Roger l'a fait pour moi, de lui transmettre l'amour de la scène sous toutes les formes : théâtre, opéra, ballet, spectacle vivant… Je ne peux oublier qu'à dix ans j'ai eu la chance extraordinaire de pouvoir développer ma fibre artistique. Depuis qu'elle est petite, Léia m'accompagne donc en coulisses, s'amuse à me voir me maquiller, en profite pour se colorier le visage, essaie les costumes, assiste, derrière le rideau, aux saluts, revient en salle pour applaudir. À la voir déambuler dans le théâtre, Myriam Boyer, avec qui je partageais la scène, m'a confié qu'elle emmenait son fils, Clovis Cornillac, enfant, à son travail. Il aimait aussi venir « dans l'endroit où on parle fort » !

Léia en garde un goût pour la comédie et, comme Roger quand il était petit, elle a une tendresse pour les films (ou séries) américains. Plus Johnny Depp que Cary Grant, question d'époque, et plus *Friends* que *Navarro*. Elle parle d'en faire son métier. De prendre des cours à l'étranger. Près de ses héros *made in USA*. Clin d'œil amusant à son père qui s'était formé aux États-Unis. Gardera-t-elle la vocation ? La suite nous le dira, mais, à quatorze ans, le rêve est bien là.

Roger en avait soixante-dix de plus mais trouvait encore de quoi égayer ses journées, des romans à écrire, des amis à voir, des projets de voyages... Israël, par exemple. Désireux de me faire découvrir la terre de ses origines, il avait réservé une semaine au Club Méditerranée d'Eilat pendant les fêtes de Pessa'h, la Pâque juive. Baignades en mer Rouge, balades dans le désert de Néguev, rencontre avec les dauphins..., le programme s'annonçait joyeux. Le voyage s'est fait, mais sans lui malheureusement. Fatigué, il a préféré renoncer mais a insisté pour que nous partions quand même avec une de ses amies et sa fille. Chaque jour, nous l'appelions de là-bas, lui racontions nos journées, du menu du déjeuner à la dernière excursion. Il semblait heureux de nous savoir comblées et nous disait sa hâte de voir nos photos. Ce que nous nous sommes empressées de faire la semaine suivante.

Puis, du jour au lendemain, sur son agenda, plus rien. Plus rien après le 23 août 2010. Alors qu'il était dans le Sud, Roger a fait une mauvaise chute : double fracture du col du fémur. Opération dans la foulée, dont il a failli ne pas se réveiller. Autant il s'était bien remis de l'AVC qui l'avait frappé l'année précédente, autant la rééducation s'est révélée douloureuse. Ses déplacements sont devenus limités ; quand il osait une brève sortie, c'était avec son kiné. À cela s'ajoutait qu'il avait dû quitter son appartement de l'avenue d'Eylau, où il avait vécu si longtemps avec Christine, pour déménager dans un rez-de-jardin près de la Maison de la Radio. Je venais le voir avec des éclairs au chocolat, qu'il ne refusait pas, nous regardions son film d'enfance, *Soleil*, nous nous rappelions nos bons moments sur *Navarro*, et c'était bien rare qu'il ne me fasse pas rire avec une nouvelle histoire drôle. Je croisais Michel Drucker qui venait lui faire un coucou lors de ses escapades à vélo.

Le plus souvent, il oscillait entre un ras-le-bol affiché de cette vie diminuée, l'envie de rejoindre Christine, Titine, Joseph… et des phrases qui lui ressemblaient de plus en plus sur la mort, sur Dieu, sur ces mystères vers lesquels il s'acheminait. « La mort n'existe pas, disait-il. Elle n'a rien d'indécent ou de dramatique. Je vois les gens, je les entends, ils me parlent. Pourquoi on n'arriverait pas à faire vivre les gens ? Moi, je les fais vivre. » Il parlait de ceux qu'il avait aimés. Il parlait aussi de son admiration pour le Christ que lui avait transmise un professeur, rappelant à juste titre que le Christ était juif. En 2009, dans son ultime ouvrage, *Carnet de survie*, il s'interrogeait, conversait avec plusieurs lui-même à propos de Dieu, méditait sur la vie et la mort, s'y amusait en questionnant: «Dieu est-il une femme? Et pourquoi pas bisexuel? [...] Comment vit-il sa toute-puissance, ce Dieu, cette star mondiale omnipotente qui laisse faire la mafia, les fils violer leur mère, et les Juifs mourir dans les chambres à gaz?» Il se souvenait que François Mitterrand, «qui était un vrai chrétien», lui avait dit: «Je crois aux forces de l'esprit.» Il lui donnait raison: «Je suis de son avis. Je crois si fort en Dieu que je prie pour qu'il ne disparaisse pas!»

Quand il a commencé à ne plus pouvoir sortir de son lit, quand son sourire s'est figé, j'avoue que les visites me sont devenues éprouvantes. Il était ma montagne indestructible, ensoleillée, j'avais du mal à le voir passif, affaibli. Il tuait le temps en regardant les rediffusions de *Navarro* à la télévision et s'inquiétait de voir sa fille se battre pour récupérer un chèque d'environ trois cent mille euros. Chèque que Roger avait spontanément proposé à Danielle Mitterrand en 2001 pour l'aider à régler les frais de caution de son fils Jean-Christophe, condamné par le juge Philippe Courroye. Ce n'était pas tant l'argent que réclamait Roger, même si lui, l'éternel locataire, ne voulait pas laisser sa fille assumer seule le coût de ses soins, qui pouvaient se prolonger encore de longues années. C'était bien autre chose: un peu de reconnaissance. Au regard de sa fidélité sans faille à François Mitterrand, de ses engagements, de leurs week-ends familiaux à Latché, il aurait aimé être entendu par Danielle, puis par ses fils quand celle-ci s'est éteinte. Il y avait un défaut qu'il détestait par-dessus tout: l'ingratitude. Il me disait souvent: «Je pardonne tout, y compris la trahison mais pas l'ingratitude. Il résulte de deux défauts que j'exècre: l'égoïsme et l'indifférence.» Il souffrait de maux de la vieillesse mais surtout de cette ingratitude. Lui n'était que reconnaissance. Roger n'avait rien de ces blasés, de ces oublieux qui ne savent pas remercier le destin ou ceux qui leur ont tendu la main. Combien de fois n'a-t-il pas dit : « J'ai eu de la chance, même dans le malheur, je termine ma vie sur un jackpot ! Commencer dans un taudis d'Alger et finir dans le sillage du président de la République… J'ai tout eu, et tellement plus que mes rêves ! » D'autres, visiblement, n'avaient pas cette lucidité, ces élans du cœur. Il y a une parole lors de la messe, qui résume tout : « Il suffirait d'un mot et je serais guéri. » Mon Roger aurait seulement voulu qu'on lui dise « merci ».

Je l'embrassais tendrement en repartant. Je mettais quelques jours à me remettre de ma visite. Satanée vieillesse qui nous retire tout à petit feu.

La terre de ses treize ans

Roger disait avoir trois pays : « L'Algérie où je suis né, Israël, la terre de mon origine, et la France, ma patrie. » Est-ce pourquoi, dans son dernier appartement, comme dans le précédent, mon Roger ne se sentait fondamentalement pas « chez lui » ? Cela venait d'un sentiment profond, viscéral. La sensation que ce n'était pas lui, Roger Lévy, dit Hanin, fils de Victorine Azoulay et Joseph Lévy, petit-fils de Salomon et Messaouda Guedj et de Meyer et Rachel Azoulay, qui devait habiter ces appartements haussmanniens, si français, si rupins. Qu'il y avait maldonne. Même s'il appréciait le luxe, il restait au fond de son cœur ce garçon modeste, cet adolescent algérois attaché aux choses simples qui suffisaient avant à son bonheur. « Chaque fois que j'ai une décision capitale à prendre, ma référence est toujours ce garçon de treize ans que j'ai été, car je sais, sans le moindre doute, que j'ai été pleinement réalisé à treize ans : un enfant libre, sain, vivant, tranquille et violent, plein de tous les appétits, toutes les exaltations, toutes les soifs. » Lui qui rêvait alors si fort de la France, qui aimait déjà la France, ne savait plus trop, la maturité venue, quelle était sa patrie. Quand Christine l'emmenait chez elle en Bourgogne, elle avait beau lui dire : « Tu es chez toi », il pensait : « Non je ne le suis pas. » Un jour, elle lui a proposé de s'asseoir devant le bureau qui appartenait à son père, l'universitaire Antoine Gouze, il a tiqué : « Moi, je poserais, sur son fauteuil, mon cul de Roger Lévy, né dans la Casbah ? » Complexité de l'homme et de ses racines, où se mêlent ascendance, identité, religion, patrie... Des racines qui viennent d'Algérie, oui, mais d'une Algérie alors française. Il avait la sensation d'être « 100 % casher » mais, face à cette judéité qui aurait pu l'orienter vers la Terre promise, il se demandait : « Qu'est-ce que je sais d'Israël, en fait ? » Quant aux « Français de France », même s'il s'était libéré des réflexes conditionnés d'autoracisme, il ne se sentait pas complètement comme eux. Adolescent, il les regardait comme une race supérieure, une « espèce zoologique différente ». « Un homme blond, l'enfant que j'étais devait le respecter. Il n'était pas comme moi, il était "plus", il était mieux, il était extraordinaire. C'était très mystérieux un Jean-Pierre Lacroix qui serait arrivé d'Arras ou de Saint-Malo. » À la strate du dessous, il y avait les « Français d'Algérie », ceux qu'il côtoyait à l'école et qui l'impressionnaient aussi. Une fois à Paris, intrigué, il irait découvrir « ce territoire où naissent, poussent et vivent des Berthier, des Lacroix, des Bordenave. Comment ça existe ? À quoi ça ressemble, comment ça fonctionne, ce pays où il y a des hommes blonds avec les yeux bleus et qui portent des noms si français ». En dessous, il y avait les Juifs et, encore en dessous, les Arabes, que « tout le monde considérait comme race inférieure ». Roger a grandi avec ces conventions racistes qui lui semblaient éternelles. « Dans un bal, je n'aurais jamais osé inviter une Française, une jeune fille blonde aux yeux bleus. » De même, s'il était la vedette locale sélectionnée plus de vingt fois dans l'équipe d'Alger et d'Afrique du Nord, et si ses camarades l'aimaient beaucoup, il trouvait normal de n'être jamais invité à leurs surprise-parties. « Je ne me suis jamais rebellé. Si, d'aventure, une jeune fille catholique m'interpellait des tribunes avec affection : "Roger, tu as été formidable, continue", je fondais de bonheur. Je me disais : "C'est une sainte, c'est un ange. Comment peut-on être si gentil avec moi qui suis juif ? Elle a sûrement oublié que je m'appelle Lévy." Je jure que je n'exagère pas[1]. »

Et puis, Roger est venu en France, de quoi lui dessiller les yeux. Une France qui ne vivait pas dans la même peur, ne se sentait pas menacée par une majorité arabe, ne pratiquait pas l'arrogance, la hiérarchie des identités ou des religions. Il a aussi connu des Français de France… chez eux, et cela changeait tout. Lorsqu'il retournait au pays voir Titine, il ne supportait plus une quelconque marque d'ostracisme. Fini, il avait compris.

Un temps, en réaction sans doute, il a tout fait pour se déraciner, échapper à sa condition, à son statut de Juif aussi, gommer son accent, il a voulu devenir français, disparaître dans la masse… pour se rendre vite compte que c'était une bêtise. Quoi qu'il fasse, ses racines à lui étaient autres, ni là, ni là-bas, « imaginaires » en quelque sorte. Malgré l'épouse blonde, malgré le beau-frère président, il n'était pas totalement un Français de France. Il était de là-bas aussi…

L'Algérie, il en parlait si joliment. En 1999, alors qu'elle était en proie à la barbarie, il écrivait dans

1. *L'Ours en lambeaux*, Enre, 1983.

L'Humanité avoir mal à son pays. Se surprenant même de parler ainsi : « J'ai dit "mon pays"… Chaque fois que j'évoque l'Algérie, c'est vrai, je dis "mon pays". Est-il donc si loin cet Éden blanc de soleil, parfumé d'eucalyptus et de jasmin, orange et rouge et jaune de ses fruits, ses fleurs ? […] Je suis juif et je dois une gratitude éternelle à l'Algérie d'avoir gardé, sur sa terre et dans sa chair, des centaines de milliers de Juifs pendant des siècles et des siècles jusqu'à l'arrivée des Français, qui ont trouvé en envahissant le pays une communauté israélite intacte, heureuse et différente. » Et de conclure : « Je dois à l'Algérie d'avoir vécu de soleil, d'avoir été nourri de son amour pudique et braillard, excessif et profond, ensemencé des cris de la rue, où j'ai appris la vie, la lutte, la fraternité… »

Trois ans avant de s'éteindre, il avait voulu retourner dans son quartier natal de Marengo. « Il est revenu pour revoir ses amis d'enfance, se souvient l'un d'eux, Abdelkader, il est retourné dans ce quartier où beaucoup de Juifs dans les années 1950 vivaient comme de vrais Algériens. » Et de noter que Roger était « plus algérois que parisien ». Sans doute. Il aurait pu désirer être enterré près de Christine en Bourgogne, ou rejoindre le carré juif de Pantin où tant de Juifs d'Algérie sont inhumés, mais non, Roger voulait rejoindre la terre de ses treize ans.

Il avait soigneusement préparé ses obsèques. Il avait demandé aux autorités algériennes la permission d'être enterré dans la ville où il était né le 20 octobre 1925. Le président algérien Abdelaziz Bouteflika, qui l'avait honoré en 2000, lors du Festival du film français d'Alger de la médaille El Athir, la plus haute distinction nationale, a rendu hommage à un « symbole de l'amitié entre les peuples algérien et français ». Il a ajouté : « L'Algérie s'honore de recevoir sur sa terre la dépouille de cette sommité de la culture moderne », précisant qu'il serait « enterré avec tous les honneurs et le respect dus à sa personnalité, son parcours et la grandeur de son âme ». Le 12 février, son cercueil est arrivé dans un avion de ligne. Une vingtaine de personnes l'accompagnaient, dont Alexandre Arcady. Annie, sa petite sœur, n'a malheureusement pas pu faire le déplacement, une de ses hanches l'en empêchait. Les forces de police les ont escortés jusqu'au cimetière israélite Saint-Eugène-Bologhine. Un rabbin a lu le Kaddish. Roger a été là-bas, inhumé carré 12, là où repose son père, Joseph Lévy.

Devant mon poste de télévision, aussi laminée de chagrin que la veille à la synagogue, je vois Alexandre Arcady s'exprimer, bouleversé : « J'ai beaucoup de mal à penser qu'il va rester là, mais je suis sûr que tous les Algériens vont l'honorer. L'Algérie lui tenait tant à cœur. Il était tellement proche de cette terre, de ce peuple. Et cette dernière volonté ne doit pas vous étonner. C'est un fils d'Algérie qui est revenu. »

Épilogue

« Toute ma vie, j'ai été considéré comme quelqu'un de négligeable, disait-il, et peut-être le suis-je sans doute. Je ne faisais pas partie de l'intelligentsia, des gens considérables au sens large du terme. Mais comme j'étais tellement vaniteux et plein de moi, je me disais : ce sont tous des cons, et c'est très bien comme ça. » J'aime cette phrase qui le résume si bien. Ses deux faces. Sa grande lucidité empreinte d'humilité. Son orgueil parfois impérieux, non exempt de colère. Comme le gamin qu'il était, le cul entre deux chaises, n'en finissant pas de chercher sa place. Le Roger Lévy qui faisait « l'intéressant » à l'école, racontait des blagues, mettait ses camarades dans sa poche, multipliait les caprices pour obtenir ce qu'il voulait de Titine. La charmait aussi, ainsi que ses sœurs. Éternel séducteur, assoiffé de reconnaissance, d'amour. D'amour surtout.

En 2007, il publiait l'un de ses meilleurs romans, *Loin de Kharkov*. Dans ce plaidoyer pour l'identité et l'importance des racines, il retrace l'histoire d'un couple adoptant une petite Ukrainienne, Anna-Victorina. Il se trouve que, six ans plus tôt, l'une de ses proches amies avait adopté une petite fille de treize mois, ukrainienne elle aussi. Touché par cette histoire, Roger en a fait le point de départ de son livre, avec, en fil rouge, cette question : comment réagira l'enfant quand elle apprendra la vérité sur ses origines ? Un livre où il laisse transparaître, une fois de plus, sa fascination pour la femme – souvent plus forte que l'homme –, mais aussi, toujours, son besoin d'amour. « Après tout, la planète n'est qu'un grand orphelinat, remarquait-il alors. Chacun de nous, sa vie durant, cherche à être adopté. Ça m'a rappelé que moi, j'ai toujours besoin qu'on m'adopte. »

Si nos deux routes ont si joliment fusionné, c'est sans doute parce que nous avions ce même besoin. Lui, du regard d'une petite fille admirative, aimante, sous le charme. Moi, de bénéficier de l'attention d'un père autre que le mien. Câlin, cultivé, drôle, bienveillant, capable de m'enseigner ce qu'un homme pouvait apporter de bon.

Je lui ai très souvent dit merci, un de ses mots préférés. Je le lui dis encore tous les jours.

Je me suis fortifiée grâce son écoute, son goût du partage et sa capacité à pardonner. Je ne dis pas que je possède ces qualités, je m'efforce simplement de les transmettre à mon tour à mes enfants. De ne pas le décevoir.

Aujourd'hui, je donnerais beaucoup pour entendre Mistoufle ou pour dévorer un couscous en bas de chez toi, et t'embrasser… une dernière fois.

Grandir à tes côtés a été ma chance. Je sais que les liens du cœur sont les plus beaux.

Merci.

Remerciements

Sans l'aide déterminante de Maryvonne Ollivry, cet l'ouvrage n'aurait pu voir le jour, c'est une chance de l'avoir eue à mes côtés tout au long de l'écriture.

Merci à toute l'équipe de *Navarro*, à Pierre Grimblat, à Tito Topin, à Patrick Jamain, à Linda… sans qui l'aventure n'aurait pas été aussi belle à raconter.

Ma gratitude va également à celles et ceux qui ont accepté de répondre à mes questions, une mention toute particulière à Sam Karmann et Christian Rauth.

Merci aussi aux amis de Roger, aux miens, à ma famille, à l'homme de ma vie pour leur soutien et leurs encouragements.

Merci à tous ceux qui, comme Colette ou Wafa, ont aimé, protégé, accompagné Roger y compris dans les moments douloureux.

Enfin, merci à Roger sans qui rien n'aurait été possible.

Annexes

Bibliographie

Œuvres de Roger Hanin :
L'Ours en lambeaux, Encre, 1983.
Le Voyage d'Arsène, Grasset, 1985.
Les Gants blancs d'Alexandre, Grasset, 1994.
Les Sanglots de la fête, Grasset, 1996.
L'Hôtel de la Vieille Lune, Grasset, 1998.
Dentelles, Grasset, 2000.
Lettre à un ami mystérieux, Grasset, 2001.
Gustav, Grasset, 2003.
L'Horizon, Grasset, 2005.
Loin de Kharkov, Grasset, 2007.
Carnet de survie, Balland, 2009.

Tito Topin, *Le Système Navarro*, Kubik, 2005.
Corinne Krebs, *Quelle vie !*, Chêne, 2008.

Filmographie

1952 : *Nous sommes tous des assassins* d'André Cayatte : un employé de la prison.
1952 : *Le Chemin de Damas* de Max Glass : un disciple.
1953 : *La Môme vert-de-gris* de Bernard Borderie : un garde du corps.

1955 : *Série noire* de Pierre Foucaud : Ménard.
1955 : *Les Hussards* d'Alex Joffé : un soldat.
1955 : *Gas-oil* de Gilles Grangier : René Schwob, un gangster.
1956 : *Vous pigez ?* de Pierre Chevalier : Istria.
1957 : *Celui qui doit mourir* de Jules Dassin : Pannagotaros.
1957 : *Escapade* de Ralph Habib : Olivier.
1958 : *Tamango* de John Berry : 1er Mate Bébé.
1958 : *Sois belle et tais-toi* de Marc Allégret : Charlemagne.
1958 : *Une balle dans le canon* de Michel Deville : Dick.
1958 : *Un drôle de dimanche* de Marc Allégret : Sartori.
1958 : *Le Désordre et la Nuit* de Gilles Grangier : Albert Simoni.
1958 : *La Chatte* d'Henri Decoin : Pierre.
1959 : *La Sentence* de Jean Valère : Antoine.
1959 : *Le Fric* de Maurice Cloche : Robert Bertin.
1959 : *Ramuntcho* de Pierre Schoendoerffer : Itchoa.
1959 : *Du rififi chez les femmes* d'Alex Joffé : l'Insecte.
1959 : *La Valse du Gorille* de Bernard Borderie : Géo Paquet, dit « le Gorille ».
1959 : *À bout de souffle* de Jean-Luc Godard : Cal Zombach.
1960 : *Petit Jour* de Jackie Pierre.
1960 : *L'Ennemi dans l'ombre* de Charles Gérard : Serge Cazais.
1960 : *Rocco et ses frères* de Luchino Visconti : Morini.
1960 : *L'Affaire d'une nuit* d'Henri Verneuil : Michel Ferréol.
1961 : *Le Miracle des loups* d'André Hunebelle : Charles le Téméraire.
1961 : *Vive Henri IV, vive l'amour* de Claude Autant-Lara : Ravaillac.
1961 : *Les Bras de la nuit* de Jacques Guymont : Landais.
1962 : *Les Ennemis* d'Édouard Molinaro : Jean de Fursac.
1962 : *La Marche sur Rome* de Dino Risi : Capitaine Paolinelli.
1962 : *Le Gorille a mordu l'archevêque* de Maurice Labro : Géo Paquet, dit « le Gorille ».
1963 : *Un mari à prix fixe* de Claude de Givray.
1964 : *Le Tigre aime la chair fraîche* de Claude Chabrol : Louis Rapière, le Tigre.

1964 : *Marie-Chantal contre le docteur Kha* de Claude Chabrol : Bruno Kerrien, l'espion français.
1965 : *Le Tigre se parfume à la dynamite* de Claude Chabrol : Louis Rapière, le Tigre.
1965 : *Passeport diplomatique agent K8* de Robert Vernay : Mirmont.
1965 : *Corrida pour un espion* de Maurice Labro : Stuart.
1966 : *Via Macao* de Jean Leduc : Michel.
1966 : *Carré de dames pour un as* de Jacques Poitrenaud : Dan Layton.
1966 : *Les 13 fiancées de Fu Manchu* (*The Brides of Fu Manchu*) de Don Sharp : l'inspecteur Grimaldi.
1966 : *Le Solitaire passe à l'attaque* de Ralph Habib : Frank Normand.
1967 : *Le Canard en fer-blanc* de Jacques Poitrenaud : François Cartier.
1968 : *Les Hommes de Las Vegas* d'Antonio Isasi-Isasmendi : le patron.
1969 : *Bruno, l'enfant du dimanche* de Louis Grospierre.
1970 : *Le Clair de Terre* de Guy Gilles : le père de Pierre.
1971 : *Une femme libre* de Claude Pierson : André.
1971 : *Les Aveux les plus doux* d'Édouard Molinaro : l'inspecteur Borelli.
1972 : *La Poursuite sauvage* (*The Revengers*) de Daniel Mann : Quiberon.
1973 : *Les Grands Fusils* de Duccio Tessari : Carré.
1973 : *Le Concierge* de Jean Girault : Barbarin.
1973 : *Le Protecteur* de Roger Hanin : Julien.
1975 : *Le Faux-cul* de Roger Hanin : Kaminsky.
1978 : *L'Amant de poche* de Bernard Queysanne : Barbouze ministre.
1978 : *Le Coup de sirocco* d'Alexandre Arcady : Albert Narboni.
1978 : *Le Sucre* de Jacques Rouffio : Kerbaoui.
1979 : *Certaines Nouvelles* de Jacques Davila : Georges.
1981 : *Le Grand Pardon* d'Alexandre Arcady : Raymond Bettoun.

1982 : *Les Misérables* de Robert Hossein : l'aubergiste.
1982 : *La Baraka* de Jean Valère : Aimé Prado.
1983 : *Attention ! Une femme peut en cacher une autre* de Georges Lautner : Philippe.
1983 : *Le Grand Carnaval* d'Alexandre Arcady : Léon Castelli.
1983 : *L'Étincelle* de Michel Lang : Maurice.
1984 : *Train d'enfer* de Roger Hanin : le commissaire Couturier.
1985 : *La Galette du roi* de Jean-Michel Ribes : Victor Harris.
1986 : *La Rumba* de Roger Hanin : Beppo Manzoni.
1987 : *Dernier Été à Tanger* d'Alexandre Arcady : William Barres.
1987 : *Lévy et Goliath* de Gérard Oury : Dieu (voix uniquement).
1989 : *L'Orchestre rouge* de Jacques Rouffio : Berzine.
1989 : *L'Union sacrée* d'Alexandre Arcady : le père de Simon (caméo).
1990 : *Jean Galmot, aventurier* d'Alain Maline : Georges Picard.
1992 : *Le Grand Pardon 2* d'Alexandre Arcady : Raymond Bettoun.
1993 : *Le Nombril du monde* d'Ariel Zeitoun : Scali.
1997 : *Soleil* de Roger Hanin : le professeur Lévy.

Télévision

Séries télévisées

1965 : *Le train bleu s'arrête treize fois*, série adaptée par René Wheeler, d'après Boileau et Narcejac, épisode 6 : « Beaulieu, le piège » de Serge Friedman.
1978 : *Il était un musicien.*
1989-2007 : *Navarro*, série télévisée créée par Pierre Grimblat et Tito Topin : le commissaire principal Antoine Navarro.
1990 : *Le Gorille* : Maurier (un épisode).
1997 : *Maître Da Costa*, série télévisée de Bob Swaim d'après Frédéric Dard : Maître Julien Da Costa.

2007-2009 : *Brigade Navarro* : le commissaire divisionnaire Antoine Navarro

Téléfilms

1968 : *Cinq jours d'automne* de Pierre Badel.

1969 : *Au théâtre ce soir* : *La Nuit du 9 mars* de Jack Roffey et Gordon Harbord, adaptation Roger Féral, mise en scène Henri Soubeyran, réalisation Pierre Sabbagh, Théâtre Marigny.

1970 : *Au théâtre ce soir* : *Jupiter* de Robert Boissy, mise en scène Jacques-Henri Duval, réalisation Pierre Sabbagh, Théâtre Marigny.

1971 : *Prière pour Éléna* d'Abder Isker : Enrico Segura.

1977 : *La Mort du Téméraire* de Roger Viry-Babel : Charles le Téméraire.

1979 : *Othello* d'Yves-André Hubert : Othello.

1980 : *Au bon beurre* d'Édouard Molinaro : Charles-Hubert Poissonnard.

1981 : *Henri IV* de Jeannette Hubert.

1983 : *Le Crime de Pierre Lacaze* de Jean Delannoy : Pierre Lacaze.

1989 : *Les Grandes Familles* d'Édouard Molinaro : Lucien Maublanc.

1993 : *Chambre 12, Hôtel de Suède*, téléfilm documentaire de Claude Ventura et Xavier Villetard : lui-même.

1995 : *Samson le magnifique* d'Étienne Périer : Jacques Brachart.

1996 : *Une femme explosive* de Jacques Deray : Muller.

1999 : *La Femme du boulanger* de Nicolas Ribowski : Aimable, le boulanger.

2000 : *La Trilogie marseillaise* : *Marius* de Nicolas Ribowski : César.

2000 : *La Trilogie marseillaise* : *Fanny* de Nicolas Ribowski : César.

2000 : *La Trilogie marseillaise* : *César* de Nicolas Ribowski : César.

2000 : *Anibal* de Pierre Boutron : l'acteur.
2001 : *L'Étrange Monsieur Joseph* de Josée Dayan : Joseph Joanovici.
2003 : *Ne meurs pas* de José Pinheiro : Dalembert.
2005 : *Mademoiselle Navarro* de Jean Sagols : le commissaire Navarro.
2006 : *La Femme et le Pantin* d'Alain Schwarzstein : Charles Mathéo.
2007 : *Roger Hanin, toute une vie* d'Hugues de Rosière (documentaire).
2008 : *César Lévy* d'Alain Schwarzstein : César Lévy.

En tant que réalisateur

Cinéma
1973 : *Le Protecteur.*
1975 : *Le Faux-cul.*
1980 : *Le Coffre et le Revenant*, téléfilm adapté de la nouvelle éponyme de Stendhal, dans la série « Le roman du samedi ».
1984 : *Train d'enfer.*
1986 : *La Rumba.*
1997 : *Soleil.*

Télévision
1978-1979 : *Il était un musicien* : deux épisodes.
1990 : *Le Gorille* : un épisode.

Producteur
1978-1979 : *Il était un musicien* : sept épisodes.

Théâtre
1951 : *Vogue la galère* de Marcel Aymé, mise en scène Georges Douking, Théâtre de la Madeleine.
1952 : *La Jacquerie* de Prosper Mérimée, mise en scène Clément Harari, Théâtre Charles de Rochefort.

1952 : *La Résurrection des corps* de Loys Masson, mise en scène Michel Vitold, Théâtre de l'Œuvre.

1953 : *Les Aveux les plus doux* de Georges Arnaud, mise en scène Michel de Ré, Théâtre du Quartier Latin.

1953 : *La Maison de la nuit* de Thierry Maulnier, mise en scène Marcelle Tassencourt & Michel Vitold, Théâtre Hébertot.

1954 : *Les salauds vont en enfer* de Frédéric Dard, mise en scène Robert Hossein, Théâtre du Grand-Guignol.

1954 : *La Condition humaine* d'André Malraux, mise en scène Marcelle Tassencourt, Théâtre Hébertot.

1954 : *Othello* de William Shakespeare.

1954 : *Macbeth* de William Shakespeare.

1954 : *Carlos et Marguerite* de Jean Bernard-Luc, mise en scène Christian-Gérard, Théâtre de la Madeleine.

1955 : *Le Prince d'Égypte* de Christopher Fry, mise en scène Marcelle Tassencourt, Théâtre du Vieux-Colombier.

1955 : *La Chair de l'orchidée* adaptation Frédéric Dard et Marcel Duhamel d'après James Hadley Chase, mise en scène Robert Hossein, Théâtre du Grand-Guignol.

1956 : *Les Sorcières de Salem* d'Arthur Miller, mise en scène Raymond Rouleau, Théâtre des Célestins.

1956 : *La Nuit romaine* d'Albert Vidalie, mise en scène Marcelle Tassencourt, Théâtre Hébertot.

1957 : *Wako, l'abominable homme des neiges* de Roger Duchemin, mise en scène Jean Le Poulain, Théâtre Hébertot.

1959 : *Dix ans ou dix minutes* de Grisha Dabat, mise en scène Jean Le Poulain, Théâtre Hébertot.

1959 : *Le Vélo devant la porte*, adaptation Marc-Gilbert Sauvajon d'après *Desperate Hours* de Joseph Hayes, mise en scène Jean-Pierre Grenier, Théâtre Marigny.

1960 : *La Nuit du 9 mars* de Jack Roffey et Gordon Harbord, adaptation Roger Féral, mise en scène Henri Soubeyran, Théâtre des Ambassadeurs.

1962 : *L'Otage* de Paul Claudel, mise en scène Bernard Jenny, Théâtre du Vieux-Colombier.

1962 : *Le Pain dur* de Paul Claudel, mise en scène Bernard Jenny, Théâtre du Vieux-Colombier.
1962 : *Le Père humilié* de Paul Claudel, mise en scène Bernard Jenny, Théâtre du Vieux-Colombier.
1963 : *Othello* de William Shakespeare, mise en scène Marcelle Tassencourt, Odéon-Théâtre de France.
1964 : *Macbeth* de William Shakespeare, mise en scène Claude Chabrol, Théâtre Montansier.
1969 : *Le Contrat* de Francis Veber.
1970 : *Les Guss* d'Anne Caprile, mise en scène Roberto Rossellini, Théâtre du Vieux-Colombier.
1970 : *Zorglub* de Richard Bohringer.
1970 : *Ciel, où sont passées les dattes de tes oasis ?* de Roger Hanin, mise en scène Jacques Ardouin, Théâtre de la Potinière.
1972 : *Le Contrat* de Francis Veber, mise en scène Pierre Mondy, Théâtre des Célestins, tournée Karsenty-Herbert.
1973 : *Virgule* de Roger Hanin, Théâtre Daunou.
1979 : *Lucrèce Borgia* de Victor Hugo, mise en scène Roger Hanin (avec Magali Noël, Michel Auclair, David Clair, Jean-Marie Galey…).
1980 : *Une chambre pour enfant sage* de Didier Decoin, mise en scène Pierre Vielhescaze, Théâtre Tristan Bernard.
1983 : *Argent, mon bel argent* de Roger Hanin, mise en scène de l'auteur, Théâtre Daunou.
1983 : *Un grand avocat* d'Henry Denker, mise en scène Robert Hossein, Théâtre Mogador.
1984 : *Duetto* de Jeannine Worms, mise en scène Yutaka Wada.
1984 : *La Chasse aux dragons* de Jeannine Worms, mise en scène Yutaka Wada, Théâtre de l'Œuvre.
1996 : *En attendant Godot* de Samuel Beckett, mise en scène Pierre Boutron.
1997 : *Tartuffe* de Molière.
2001 : *Une femme parfaite* de Roger Hanin, mise en scène de l'auteur, Théâtre Marigny.

2006 : *Un petit pull-over angora* de Daniel Saint-Hamont, Théâtre Le Temple.

Table

Cet ouvrage a été composé
par Atlant' Communication
au Bernard (Vendée)

Impression réalisée par

CPI
BRODARD & TAUPIN

La Flèche
en janvier 2016
pour le compte des Éditions de l'Archipel
département éditorial
de la S.A.S. Écriture-Communication

Imprimé en France
N° d'impression : 3014382
Dépôt légal : janvier 2016